이유가 있어서 멸종했습니다

감수 이마이즈미 다다아키
글 마루야마 다카시
그림 사토 마사노리·우에타케 요코
한국어판 감수 이정모
옮김 곽범신

위즈덤하우스

시작하는 말

하나의 종, 혹은 무리가 지구에서 영원히
모습을 감추는 일……, 이것이 바로 멸종입니다.

무척 끔찍한 일처럼 느껴지지만,
생물의 역사를 살펴보면 꼭 그렇지만도 않습니다.

동물들이 원해서 멸종한 것은 아니겠지만,
심각한 멸종 이후에는 놀라운 진화에 성공한
동물이 나타나기 마련입니다.

예를 들어 공룡이 멸종한 이후에 조류나 포유류가
놀라운 진화에 성공했습니다.
대멸종을 극복한 동물 중에서
다음 세대를 살아갈 동물이 나타난 셈이죠.

우리의 조상 역시 숲이 사라지고 초원이 나타나는
엄청난 사건 속에서 많은 유인원이 멸종한 가운데,
고난을 극복한 이들이 인류로 진화한 결과입니다.

이처럼 멸종은 자연의 섭리 중 하나지만,
'자연이 일으킨 멸종'과 '사람이 관여한 멸종'은
전혀 다릅니다.

왜냐하면 사람이 불러 온 멸종에서는 진화에 성공한
다음 세대의 동물이 태어나지 못하기 때문이죠.

이 책에서는 다양한 동물이 멸종한 이유를 다루고 있고,
그 이유는 가지각색입니다.
이번 기회에 그 차이를 알아보면 좋지 않을까요.

감수 이마이즈미 다다아키

우리는

모두 멸종했습니다

지구에 처음으로 생명이 태어난 때는 약 40억 년 전입니다.
하나의 '세포'가 바닷속에서 우연히 태어났습니다.
세포란 눈에 보이지 않을 정도로 미세한, 가장 작은 생명의 단위입니다.
이 세포에서 모든 '생명'이 시작되었습니다.
하지만 시작이 있으면 반드시 끝이 있는 법이죠.
생명의 마지막은 '죽음'.
그리고 종의 마지막은 '멸종'입니다.

멸종이란 한 종류의 생물이 이 세상에서
남김없이 사라지는 일입니다.
강한 생물도, 영리한 생물도 피해 갈 수 없었죠.
멸종하는 데에는 저마다 이유가 있었습니다.

그럼,
왜 멸종했을까요?

지구를 상대하기에,
생물은 힘이 없습니다

생물이 멸종한 이유는 크게 두 가지로 나뉩니다.

1. 지구 때문에
2. 다른 생물 때문에

지구 때문에 멸종한 생물의 수가 압도적으로 많습니다.
지구의 환경이 크게 변화할 때마다 대부분의 생물이 멸종했습니다.
이것을 **'대멸종'**이라고 합니다.
지금까지 대멸종은 여러 차례 일어났으며,
대멸종이 일어날 때마다 지구의 생물들 사이에서
정신없이 세대교체가 이루어졌습니다.
우연히 위기를 벗어난 운 좋은 생물들만이 살아남았습니다.
지구를 앞에 두고 한낱 생물이 얼마나 강한지,
또는 얼마나 약한지 따져 봐야
모두 부질없는 일입니다.

참고로 대멸종 중에서도
특히 규모가 컸던 다섯 번의 대멸종을
'5대 멸종'이라고 부른다.

멸종 이유 베스트 3

압도적인 1위

갑작스러운 환경의 변화

화산이 폭발하거나 운석이 떨어지거나, 무척 더워지거나 반대로 무척 추워지거나, 산소가 부족해지거나……. 이처럼 아무리 기를 써도 생물이 살아남을 수 없는 상황으로 지구의 환경이 변화하여 멸종했다.

2위

경쟁자의 출현

더욱 몸이 날랜 동물, 더욱 머리가 좋은 동물, 더욱 효율적으로 살아가는 동물 등 자신보다 환경에 잘 적응한 경쟁자에게 먹이나 보금자리를 빼앗기면서 멸종했다. 심지어 이 경쟁자들은 자신의 자손 중에서 나타나기도 했다.

3위

사람의 잘못

사람만큼 다른 생물을 많이 멸종시킨 생물은 없다. 사람이 모조리 사냥하거나 환경을 바꾸어 멸종을 일으킨다. 다만 1위, 2위와 비교하면 비율은 낮다.

지구는 모두에게 공평합니다.
가혹한 의미로 말이지요.

살아남기는 정말 힘듭니다

앞에서 설명한 '갑작스러운 환경의 변화'에서는
보통 이런 일이 벌어집니다.
이 모든 위기를 극복하기란 아무리 생각해도 불가능한 일이겠죠.
실제로 지금까지 지구에서 태어난 헤아릴 수 없이
많은 생물 가운데 99.9%의 종이 멸종했습니다.

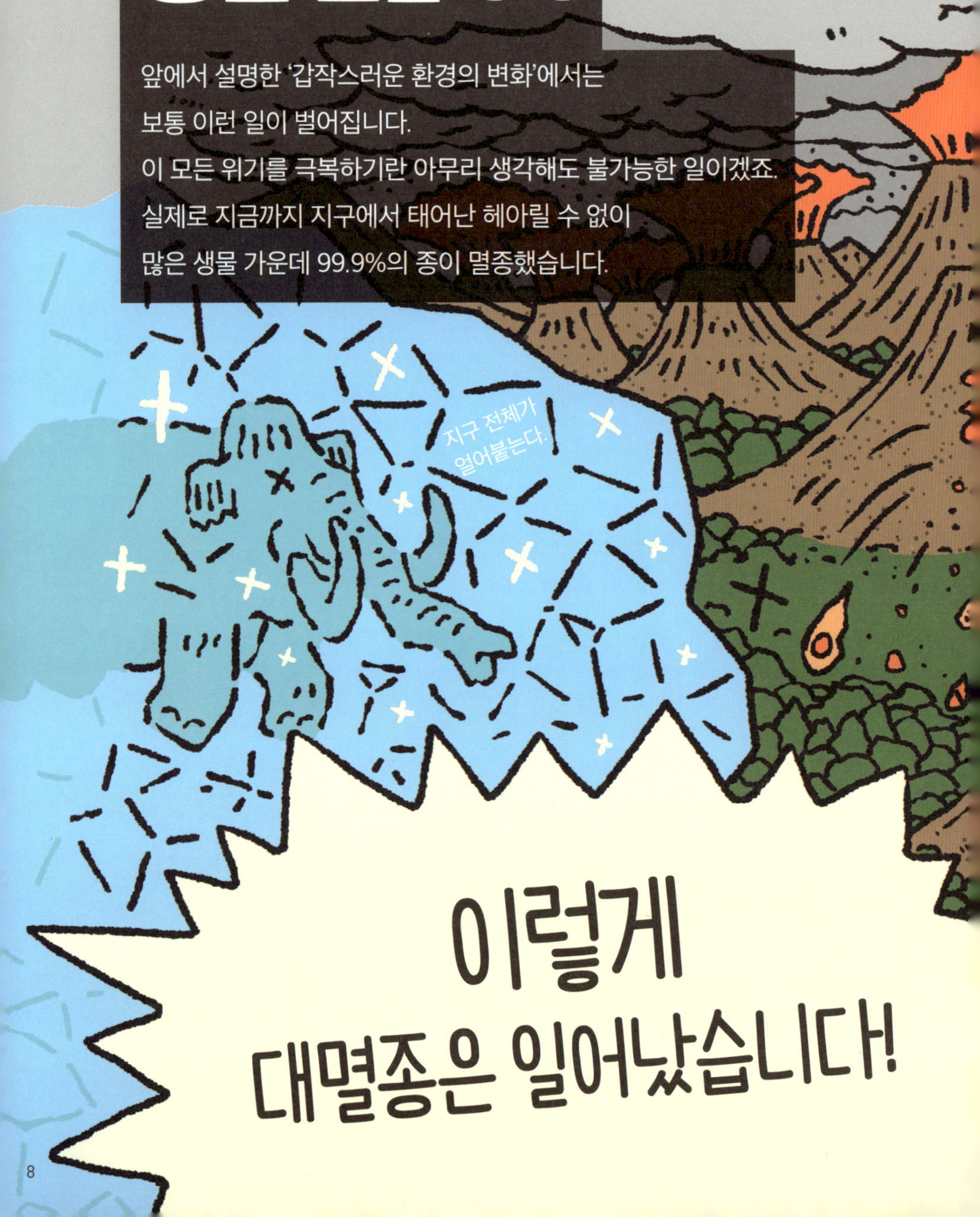
지구 전체가 얼어붙는다.
이렇게 대멸종은 일어났습니다!

**지구에 태어난 생물은
언젠가 멸종할 운명입니다.
오히려 살아남는 경우가
더 드물죠.**

그럼,
멸종은 슬픈 일일까요?

꼭 그렇지는 않습니다.
사실 멸종이 반드시 슬픈 일만은 아닙니다.

지구에서 살아가는 생명의 수에는 한계가 있습니다.
공기나 물, 흙과 같은 자원이 한정적이니
생물이 무한정 늘어나기만 할 수는 없습니다.

예를 들자면 우리 생물은 지구 전체를 무대로
의자 뺏기 놀이를 벌이는 셈입니다.
빈자리가 없으면 다른 종류의 생명이
늘어날 기회도 생겨나지 않지요.

멸종과 진화는 떼어 놓을 수 없는 관계입니다.

다시 말해 공룡이 멸종하지 않았다면 우리 사람은 태어나지 못했을 것입니다!

6600만 년까지
육상의 제왕은
공룡이었다.
공룡이 육상의 좋은 자리를
독차지한 탓에 다른 동물은
조용히 숨어 살고 있었다.
쳇…

그런데 지구에
운석이 떨어지고
날씨가 추워지자
공룡은 멸종하고 말았다!
바다에 살던
거대한 파충류도
같이 멸종했다.
갑자기 지구 전체에
커다란 빈자리가
생겨났다.
앗!

그 빈자리를 차지한 동물들이
바로 포유류와 조류다.
땅, 바다, 하늘 등 사방으로
진출해 단숨에 몸집이 커졌고,
다양한 모습의 동물이
나타났다.

그래도 역시
멸종하고 싶지 않아요!

멸종은 누구에게나 공평하게 찾아옵니다.
그렇다면 지금, 이 책을 읽고 있는 여러분의 등 뒤에도
멸종의 검은손이 다가와 있을지도 모르는 일입니다.

하지만 우리 사람에게는
멸종에 맞서기 위한 '무기'가 있습니다.
바로 배우고 생각할 줄 안다는 점이지요.

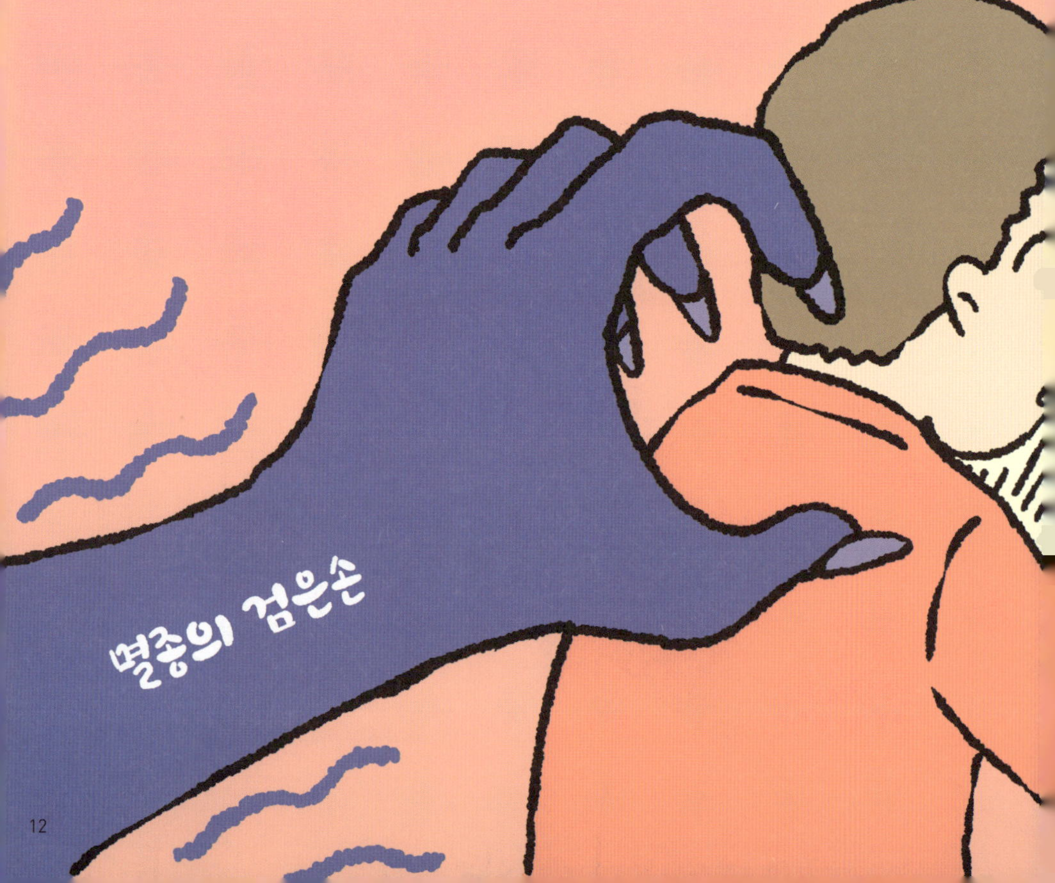

그런고로 멸종한 동물들에게 어쩌다 멸종했는지 직접 물어 보자고요!

수많은 동물이 멸종한 이유를 알아 둔다면 앞으로 지구에서 살아남을 방법이 떠오를지도 모릅니다.

차례

시작하는 말 … 2

우리는 모두 멸종했습니다 … 4

지구를 상대하기에, 생물은 힘이 없습니다 … 6

살아남기는 정말 힘듭니다 … 8

그럼, 멸종은 슬픈 일일까요? … 10

그래도 역시 멸종하고 싶지 않아요! … 12

이 책을 색다르게 읽는 방법 … 20

1 방심해서 멸종

너무 착해서 멸종 스텔러바다소 … 22

느릿느릿해서 멸종 도도 … 24

판다에게 밀려서 멸종 기간토피테쿠스 … 26

오징어가 부족해서 멸종 어룡 … 28

먹보 염소 때문에 멸종 오가사와라마시코 … 30

강에서 벗어나지 못해 멸종 스피노사우루스 … 32

밥을 천천히 먹어서 멸종 아트로플레우라 … 34

고양이 한 마리에게 모조리 사냥당해서 멸종 스티븐스섬굴뚝새 … 36

곰팡이가 슬어서 멸종 위부화개구리 … 38

돌을 삼켜서 멸종 자이언트모아 … 40

너무 말랑말랑해서 멸종 디킨소니아 … 42

여우의 습격을 받아서 멸종 돼지발반디쿠트 … 44
개에게 병이 옮아서 멸종 일본늑대 … 46
억울한 누명 때문에 멸종 주머니늑대 … 48
알을 지키지 못해서 멸종 디아트리마 … 50
매우 강해서 멸종 메가테리움 … 52
쉬어 가기 ① 화석의 노래 … 54

2 해도 너무해서 멸종

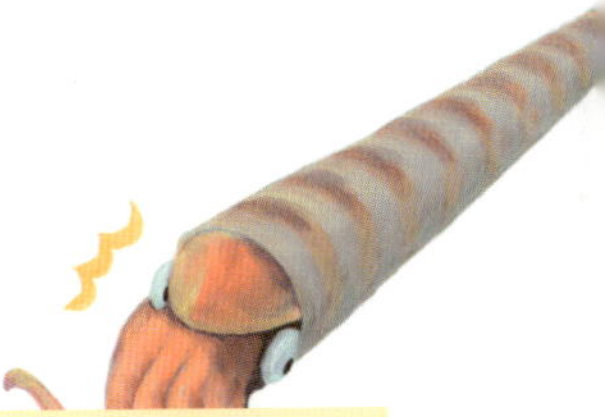

털이 너무 무거워서 멸종 플라티벨로돈 … 56
이빨이 빠지지 않아 멸종 헬리코프리온 … 58
너무 많아서 멸종 여행비둘기 … 60
너무 올곧아서 멸종 카메로케라스 … 62
괴상하게 꼬여서 멸종 니포니테스 … 64
아름다워서 멸종 파란영양 … 66

너무 꾸며서 멸종 오파비니아 … 68
말과 사랑에 빠져서 멸종 타팬 … 70
뿔에 영양분을 빼앗겨서 멸종 큰뿔사슴 … 72
부리가 너무 특이해서 멸종 활부리하와이꿀먹이새 … 74
숨을 쉬지 못해 멸종 메가네우라 … 76
머리가 나빠서 멸종 틸라코스밀루스 … 78
더위에도 약하고 추위에도 약해서 멸종 티타노보아 … 80
뿔이 너무 화려해서 멸종 숀부르크사슴 … 82
등의 돛이 거추장스러워서 멸종 디메트로돈 … 84
목이 너무 길어서 멸종 마멘키사우루스 … 86
쉬어 가기 ② 지층의 노래 … 88

3 솜씨가 영 꽝이라서 멸종

제대로 날지 못해서 멸종 아르카이옵테릭스 … 90
근육이 빵빵해서 멸종 스밀로돈 … 92
상상력이 부족해서 멸종 네안데르탈인 … 94

고래의 반격으로 멸종 메갈로돈 … 96
이빨이 약해서 멸종 아노말로카리스 … 98
너무 많이 먹어서 멸종 파라케라테리움 … 100
산소가 부족해서 멸종 둔클레오스테우스 … 102
더 이상 바람이 불지 않아서 멸종 아르겐타비스 … 104
우물쭈물하다가 멸종 파키케투스 … 106
고래가 남극에 나타나서 멸종 자이언트펭귄 … 108
풀을 먹었더니 멸종 시바테리움 … 110
강이 바짝 말라서 멸종 마스토돈사우루스 … 112
무턱대고 뭍으로 올라와서 멸종 익티오스테가 … 114
쉬어 가기 ③ 운석의 노래 … 116

4 운이 나빠서 멸종

운석이 떨어져서 멸종 티라노사우루스 … 118
섬이 가라앉아서 멸종 큰바다쇠오리 … 120
강물이 탁해져서 멸종 양쯔강돌고래 … 122
달팽이들 싸움으로 멸종 폴리네시아달팽이 … 124

사방이 온통 마그마라 멸종 바다전갈 … 126

에베레스트산이 높아져서 멸종 앤드류사쿠스 … 128

추위를 피하지 못해서 멸종 마치카네악어 … 130

물이 뜨거워져서 멸종 코노돈트 동물 … 132

눈이 내려서 멸종 털매머드 … 134

허리케인에 휘말려서 멸종 쿠바홍금강앵무 … 136

너무 웃어서 멸종 웃는올빼미 … 138

물고기의 먹잇감이 되어 멸종 삼엽충 … 140

사막에 남겨져서 멸종 아르시노이테리움 … 142

호기심 많은 사람에게 잡아먹혀서 멸종 괌큰박쥐 … 144

꽃이 피어서 멸종 스테고사우루스 … 146

쉬어 가기 ④ 대멸종의 노래 … 148

5 멸종할 것 같았지만 멸종하지 않은 동물

물에 들어가서 살아남은 오리너구리 … 150

산으로 올라가서 살아남은 뇌조 … 152

숲에 틀어박혀서 살아남은 피그미하마 … 154

조용히 오래 살아서 살아남은 투아타라 … 156

의욕이 없어서 살아남은 앵무조개 … 158

널빤지를 타고 바다를 건너서 살아남은 로드하우대벌레 … 160

깊은 바다를 헤매다 살아남은 실러캔스 … 162

진화가 더뎌서 살아남은 주머니쥐 … 164

정신을 차리고 보니 다른 곳에 와 있어서 살아남은 구니마스 … 166

고치에 숨어서 살아남은 폐어 … 168

나가는 말 … 170

추천하는 말 … 172

찾아보기 … 174

별책 … 멸종의 역사

※ 이 책에서 소개하는 동물의 멸종 이유에는 여러 가지 학설이 있습니다.

※ 전체 길이에서 꼬리나 꼬리지느러미를 제외한 길이를 몸길이라고 합니다. 다만, 지네, 박쥐처럼 꼬리의 존재가 분명하지 않은 일부 동물에게도 사용하고 있습니다.

이 책을 색다르게 읽는 방법

이 책은 누가, 언제, 어디서부터 읽어도 상관없습니다.
그저 가만히, 여러 동물이 들려주는 멸종의 이유에 귀를 기울여 보세요.
그런데 여러분은 '정보'가 주는 즐거움을 알고 있나요?

사실 이 책에는 다양한 정보가 실려 있습니다.
마음이 내킬 때면 언제든지 아래의 코너들을 참고해
정보의 즐거움을 알아 가는 것도 좋지 않을까요.

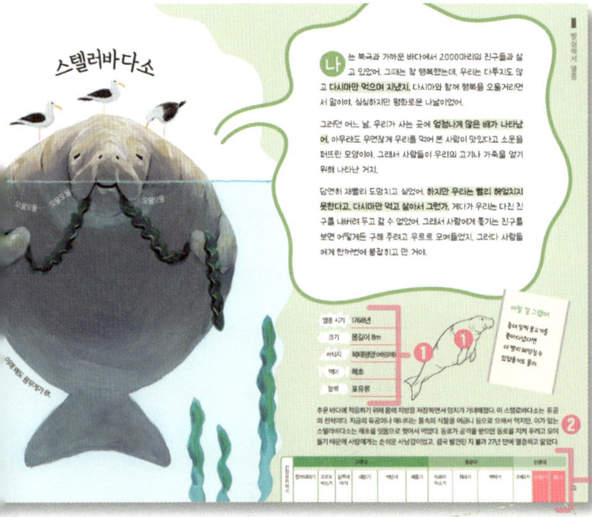

❶ 기본 정보
동물의 생생한 모습이나 몸의 크기(동물에 따라 측정하는 방식이 다르다), 서식지 등을 알 수 있어요. "이런 걸 먹고 살았구나.", "어쩐지 많이 추웠을 것 같아." 하고 그 동물에 대해 깊게 생각해 보거나 다른 동물과 비교해 보는 것도 좋은 방법이에요.

❷ 해설
동물의 생태나 멸종한 이유에 대해 자세히 알 수 있어요. 기본 정보와 비교해 보면 그 동물이 살았을 때의 모습을 쉽게 떠올릴 수 있어요.

❸ 서식 연대
그 동물이 언제 나타났으며 언제 멸종했는지 한눈에 알 수 있어요. 꽤나 오랫동안 살아남은 동물도 있지만 눈 깜짝할 사이에 멸종한 동물도 있어요.

신생대						
고제3기			신제3기		제4기	
팔레오세	에오세	올리고세	마이오세	플라이오세	플라이스토세	홀로세 ←지금은 여기

우리들이 살고 있는 '지금'은 신생대에 해당해요. 신생대는 크게 세 개의 '기'로 구분되지만, 사실 세 개의 '기'는 또다시 일곱 개의 '세'로 나누어집니다. 복잡하기 때문에 서식 연대에서는 따로 다루지 않지만 알아 두면 멸종에 관한 더욱 정확한 정보를 얻을 수 있어요.

자, 그럼 편한 방법으로 읽어 보세요.

방심해서 멸종

누구에게나 좋은 시절은 있습니다.
하지만 영원한 것은 없는 법.
조금이라도 긴장을 풀면 멸종은
어느새 코앞까지 와 있습니다.

너무 착해서 멸종

스텔러바다소

오물오물……
오물오물……
오물오물……
이래 봬도 몸무게가 8t(톤)

나는 북극과 가까운 바다에서 2000마리의 친구들과 살고 있었어. 그때는 참 행복했는데. 우리는 다투지도 않고 **다시마만 먹으며 지냈지.** 다시마와 함께 행복을 오물거리면서 말이야. 심심하지만 평화로운 나날이었어.

그러던 어느 날, 우리가 사는 곳에 **엄청나게 많은 배가 나타났어.** 아무래도 우연찮게 우리를 먹어 본 사람이 맛있다고 소문을 퍼뜨린 모양이야. 그래서 사람들이 우리의 고기나 가죽을 얻기 위해 나타난 거지.

당연히 재빨리 도망치고 싶었어. **하지만 우리는 빨리 헤엄치지 못한다고. 다시마만 먹고 살아서 그런가.** 게다가 우리는 다친 친구를 내버려 두고 갈 수 없었어. 그래서 사람에게 쫓기는 친구를 보면 어떻게든 구해 주려고 우르르 모여들었지. 그러다 사람들에게 한꺼번에 붙잡히고 만 거야.

멸종 시기	1768년
크기	몸길이 8m(미터)
서식지	북태평양(베링해)
먹이	해초
분류	포유류

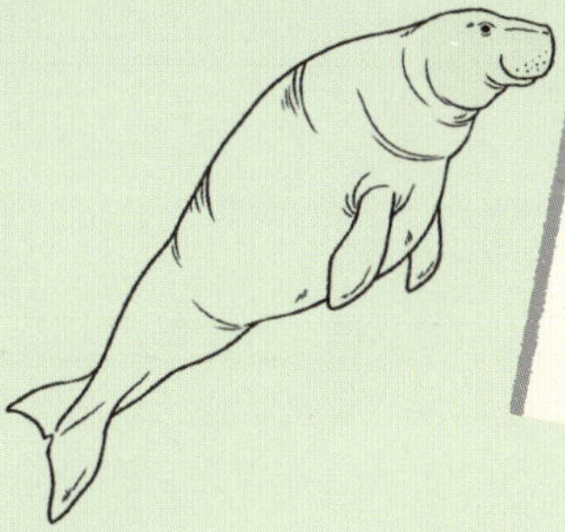

이럴 걸 그랬어

좀더 일찍 물고기를 쫓아다녔다면 더 빨리 헤엄칠 수 있었을지도 몰라.

추운 바다에 적응하기 위해 몸에 지방을 저장하면서 덩치가 거대해졌다. 이 스텔러바다소는 듀공의 친척이다. 지금의 듀공이나 매너티는 물속의 식물을 어금니 등으로 으깨서 먹지만, 이가 없는 스텔러바다소는 해초를 잇몸으로 찢어서 먹었다. 동료가 공격을 받으면 동료를 지켜 주려고 모여들기 때문에 사람에게는 손쉬운 사냥감이었고, 결국 발견된 지 불과 27년 만에 멸종하고 말았다.

선캄브리아기	고생대						중생대			신생대		
	캄브리아기	오르도비스기	실루리아기	데본기	석탄기	페름기	트라이아스기	쥐라기	백악기	고제3기	신제3기	제4기

느릿느릿해서 멸종

아이고~ 멸종하고 말았네요. 네? 너무 태평하다고요? 그런 말 자주 들었어요. 우리는 아프리카 근처에 있는 작은 섬에서 살고 있었는데, 400년쯤 전부터 외국에서 배가 줄줄이 찾아오기 시작하더군요.

사람이 다가오니까 우리도 **"뭐야, 무슨 일인데?" 하고 궁금해서 가까이 다가갔다가 대부분 잡아먹히고 말았어요.**

도도

알을 땅바닥에 대충 낳는다.

어휴, 간 떨어지는 줄 알았네.

당연하죠, 그전까지는 무서운 게 없었거든요. 날지도 못하는데 하필 뛰지도 못하다 보니 단박에 붙잡히고 말았어요. **많을 때는 하루에 200마리 넘게 잡혔어요.**

게다가 사람들이 개와 쥐를 섬으로 데려오는 바람에 알까지 빼앗기고 말았다니까요. 우리가 새이긴 한데, 대충 **땅바닥에 알을 낳다 보니 그만…….** 너무 조심성이 없었어요.

멸종 시기	1681년
크기	전체 길이 1m
서식지	모리셔스섬*
먹이	과일
분류	조류

(*모리셔스섬 : 아프리카 남동부에 위치한 섬)

이럴 걸 그랬어

좀 더 조심성 있게
알을 구멍에라도
숨겼어야 했는데….

어떨 때는 거북이가 더 빠르다.

보기와는 달리 도도는 비둘기의 친척이다. 아프리카에서 날아온 도도의 조상은 천적이 없는 섬에서 덩치가 커지고 날지 못하게 되었다. 모리셔스섬은 화산 활동으로 생겨난 외딴 섬이기 때문에 박쥐를 제외하면 포유류가 침입할 수 없었다. 줄곧 안전한 환경에서 살았기 때문에 도도는 갑자기 나타난 사람들에게 경계심을 품지 않았던 것이다.

선캄브리아기	고생대						중생대			신생대		
	캄브리아기	오르도비스기	실루리아기	데본기	석탄기	페름기	트라이아스기	쥐라기	백악기	고제3기	신제3기	제4기

판다에게 밀려서 멸종

기간토피테쿠스
냠냠…
냠냠…
냠냠…
쩝 쩝 쩝쩝쩝쩝쩝
고릴라보다 약 1.5배 크다.
아직 작았던 판다의 조상

어 휴, 먹어도 먹은 느낌이 없네……. **덩치는 크지만 이래 봬도 채식주의자라고.** 원래는 지금의 중국 부근 숲에 살면서 과일을 무지막지하게 먹어 치우곤 했는데.

하지만 세월이 흘러 삶의 터전인 숲이 줄어들면서 과일은 구경조차 힘들어졌어. 그러다 발견한 게 바로 조릿대야.

솔직히 고민을 많이 했어. 주변 동물들도 틀림없이 '아니, 누님, 이제는 조릿대까지 드세요?(^^)' 하고 생각했을걸. **그 정도로 조릿대는 영양가가 없어서 아무도 먹지 않았지.**

하지만 우리는 조릿대를 먹었어. 자존심까지 버려 가면서.

그런데 바로 비슷한 시기에 **판다라는 녀석들이 나타났네.** 그 녀석들, 귀여운 얼굴로 엄청나게 많은 조릿대를 먹어 치우지 뭐야! 판다 때문에 조릿대가 부족해져 덩치 큰 우리가 먼저 멸종하고 말았어.

멸종 시기	제4기(플라이스토세 후기)
크기	키 3m
서식지	아시아
먹이	식물
분류	포유류

이럴 걸 그랬어

조릿대 말고 다른 먹이를 찾아 다른 장소로 이사를 갔으면 좋았을 텐데.

지금까지 가장 몸집이 컸던 영장류. 사실 우리(사람)와 가까운 유인원이다. 다만 발견된 화석은 거대한 아래턱뼈와 이빨뿐이기 때문에 실제 크기나 생김새는 확실하게 밝혀지지 않았다. 제4기에 지구 전체가 추워지면서 숲이 줄어든 탓에 먹이가 부족해졌다. 그래서 추위에 강하고 성장이 빠른 조릿대를 먹기 시작했지만 충분한 영양분을 얻지 못해 멸종했을 것으로 보인다.

선캄브리아기	고생대						중생대			신생대		
	캄브리아기	오르도비스기	실루리아기	데본기	석탄기	페름기	트라이아스기	쥐라기	백악기	고제3기	신제3기	제4기

오징어가 부족해서 멸종

큰 일이다징어! 오징어가 사라졌다고징어. **해저 화산이 꽝! 하고 폭발하는 바람에 오징어가 산소 부족으로 모두 죽어 버렸징어.**

난 오징어만 먹고 사는데 정말 큰일 났징어. 다른 먹이는 사냥할 줄 모른단 말이징어.

뭐야, 물고기를 먹으면 되지 않느냐고? 초음파로 물고기가 어디 있는지 찾아내서……. 아니, 그건 돌고래잖아! **난**

돌고래가 아니라 어룡이징어! 주변을 두리번거리면서 먹이를 찾을 수밖에 없는 어룡이단 말이징어.

이런 방식으로 2억 5000만 년 전부터 1억 년 넘게 바다를 지배해 왔단 말이징어! **겉모습으로 판단하면 안 되징어!**

나 참, 화를 냈더니 배가 고파졌징어. 오징어라도 먹고 진정해야…… 하는데, 아차! 오징어가 모두 사라졌징어!

*여기서 퀴즈… 어룡은 '징어'를 몇 번이나 말했을까요?

*정답 : 16번

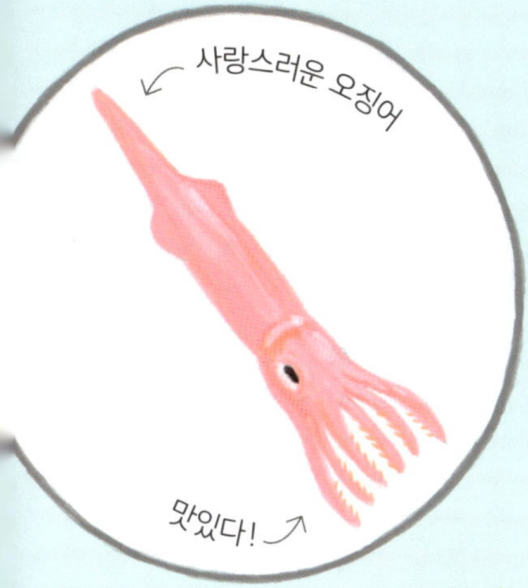

이럴 걸 그랬어

이것저것 골고루 먹었으면 좋았을 텐데……

멸종 시기	백악기 중기
크기	전체 길이 0.3~21m
서식지	전 세계의 바다
먹이	벨렘나이트
분류	파충류

지상에서 공룡이 번영을 누리던 중생대의 바다에서 번성한 파충류가 바로 어룡이다. 어룡은 해저 화산이 폭발하여 멸종했다는 설이 있다. 화산 폭발의 영향을 받아 바닷물에 산소가 없어지자 주식이었던 벨렘나이트(오징어와 가까운 친척인 두족류)의 수가 급격하게 줄어들었다. 어룡은 결국 굶어 죽고 만 셈이다. 참고로 돌고래와 어룡은 비슷한 환경에서 살았기 때문에 우연히 비슷한 생김새로 진화했지만, 둘은 전혀 다른 동물이다.

선캄브리아기	고생대						중생대			신생대		
	캄브리아기	오르도비스기	실루리아기	데본기	석탄기	페름기	트라이아스기	쥐라기	백악기	고제3기	신제3기	제4기

먹보 염소 때문에 멸종

여러분, 안녕하소. 오가사와라마시코라고 하오.
나는 19세기 초에 멸종할 때까지 일본의 오가사와라 제도에서 살고 있었소.

예전에는 사람도, 천적도 없었던지라 **옳다구나 하고 바닥에 떨어진 나무 열매 따위를 주워 먹고 살았소.** 보다시피 새는 맞지만, **날아다니는 걸 별로 좋아하지 않소.**

뭐, 그건 그렇다 치고, 문제는 바로 염소였다오! 어휴, 저들이 섬에 왔을 때부터 일이 꼬이기 시작했소!

1830년 무렵부터 사람들이 여러 지방에서 이 섬으로 이사를 왔는데, **그들이 데려온 염소가 땅에 있는 식물을 몽땅 먹어 치웠다오.**

덕분에 우리는 땅바닥만 바라볼 수밖에 없었소!

땅바닥을 둘러봐도 보이는 건 흙뿐이구나.
앗……

오가사와라마시코

멸종 시기	19세기 초
크기	전체 길이 16cm(센티미터)
서식지	일본 오가사와라 제도*
먹이	나무 열매 따위
분류	조류

(*오가사와라 제도 : 일본에서 남쪽으로 약 1000㎞(킬로미터) 떨어진 태평양에 있다.)

이럴 걸 그랬어

나무에서 내려와 땅에서 생활했던 게 실수였소.

마시코는 '마시라(옛날 일본에서 원숭이를 뜻하던 말)'의 새끼라는 뜻이다. 빨간 얼굴이 원숭이와 비슷해서. 오가사와라마시코는 땅이나 낮은 나뭇가지에서 나무 열매나 새싹을 먹을 뿐, 높은 나뭇가지로는 거의 날아오르지 않았다. 그전까지 오가사와라 제도는 무인도나 다름없었지만, 19세기 초에 사람이 가축을 데리고 들어왔다. 오가사와라마시코는 염소에게 먹이를 빼앗기고, 고양이에게 잡아먹히고, 쥐에게 알을 빼앗겨 단기간에 멸종하고 말았다.

선캄브리아기	고생대						중생대			신생대		
	캄브리아기	오르도비스기	실루리아기	데본기	석탄기	페름기	트라이아스기	쥐라기	백악기	고제3기	신제3기	제4기

강에서 벗어나지 못해 멸종

A …… 강이 좁네.

B 너희들, 다른 데로 좀 가라.

C 지금은 따뜻하게 일광욕하는 중이라 안 돼.

A 등에 달린 돛이 거추장스러워서 육지는 돌아다니기 싫어.

B 역시 그냥 강에 있어야 하나~.

AC 하는 수 없지.

B 그럼 차라리 바다로 나가 볼까?

A 바다는 안 돼.

아이고, 이러지도 못하고 저러지도 못하고….

스피노사우루스

C 어룡이나 수장룡 같은 수영 도사들이 바글바글하잖아.

B 그 녀석들은 못 당하지~.

A 그래도 배는 고픈데.

C 물고기가 없으니까.

B 뭐, 우리가 다 먹어 치웠으니 할 수 없지.

A 아하하하하하하핫

B …….

A 미안. 웃을 상황이 아닌데.

C 어디 작은 공룡이라도 물 마시러 안 오려나~.

B 우리가 뻔히 보이는데 태연하게 물 마시러 나올 녀석이 어디 있겠어…….

다 함께 어휴~~.

이럴 걸 그랬어

B 덩치라도 작았으면 그나마 견뎌 볼 만했을 텐데.

AC 그러게.

멸종 시기	백악기 중기
크기	전체 길이 16m
서식지	아프리카
먹이	물고기
분류	파충류

스피노사우루스는 가장 큰 육식 공룡이다. 물의 부력을 이용해 몸집이 커졌으므로 육지에서는 잘 걷지 못했다. 그 대신 수영을 잘했기 때문에 긴 입을 휘둘러 물고기를 잡았을 것으로 보인다. 스피노사우루스는 강이나 호수에서 살았다. 동족의 수가 늘어나거나 먹잇감이 줄어들어도 땅으로 올라와 다른 강까지 걸어가기 어려웠기 때문에 그대로 멸종하고 말았을 것이다.

선캄브리아기	고생대						중생대			신생대		
	캄브리아기	오르도비스기	실루리아기	데본기	석탄기	페름기	트라이아스기	쥐라기	백악기	고제3기	신제3기	제4기

밥을 천천히 먹어서 멸종

어라……, 나 지금 혹시 공격받고 있는 거야? 하지만 식욕을 참지 못하겠어.

무슨 영문인지 한 3억 년쯤 전에 공기가 건조해졌어. 그래서 내가 살던 숲이 줄어들고 말았지.

그런데 비슷한 시기에 도마뱀처럼 생긴 파충류의 수가 엄청나게 늘어났어. 처음에는 작아서 귀엽게만 봤는데 **얼마 지나지 않아서 다 같이 나를 먹기 시작하지 뭐야.** 대충 예상은 했지만 역시나 조금은 우울하더라.

내가 무섭게 생기긴 했어도 싸움은 영 젬병이거든. 먹이도 나뭇잎 같은 것만 먹고, 몸이 무거워서 움직이는 속도도 느려 터졌고……. 덕분에 숲에서 도망치지도 못했지.

그래서 **느긋하게 식물을 먹고 있을 때 공격을 받아서 잡아먹히고 말았어.** 나 아직 식사도 덜 끝났는데…….

너는 먹어라,
나도 먹을 테니.

아트로플레우라

멸종 시기	석탄기 후기
크기	몸길이 2.3m
서식지	북아메리카
먹이	식물
분류	다지류

이럴 걸 그랬어
조금 작아지는 대신
재빠르게 움직일 수
있었다면 낫지
않았을까?

아트로플레우라는 지네나 노래기의 가까운 친척으로, 육상에서 생활하는 절지동물 중에서는 가장 거대했다고 한다. 산소 농도가 높고 따뜻하며 천적이 없는 석탄기의 환경에서는 몸집이 커졌지만 페름기로 넘어가면서 기후가 건조해지자 개체 수가 점점 줄어들었다. 게다가 새로이 진화하여 늘어나기 시작한 파충류가 아트로플레우라를 먹잇감으로 여기면서 멸종이 한층 빠르게 진행되었다.

선캄브리아기	고생대						중생대			신생대		
	캄브리아기	오르도비스기	실루리아기	데본기	석탄기	페름기	트라이아스기	쥐라기	백악기	고제3기	신제3기	제4기

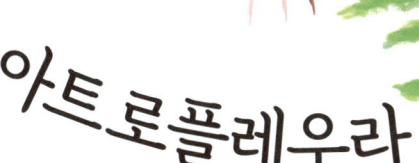

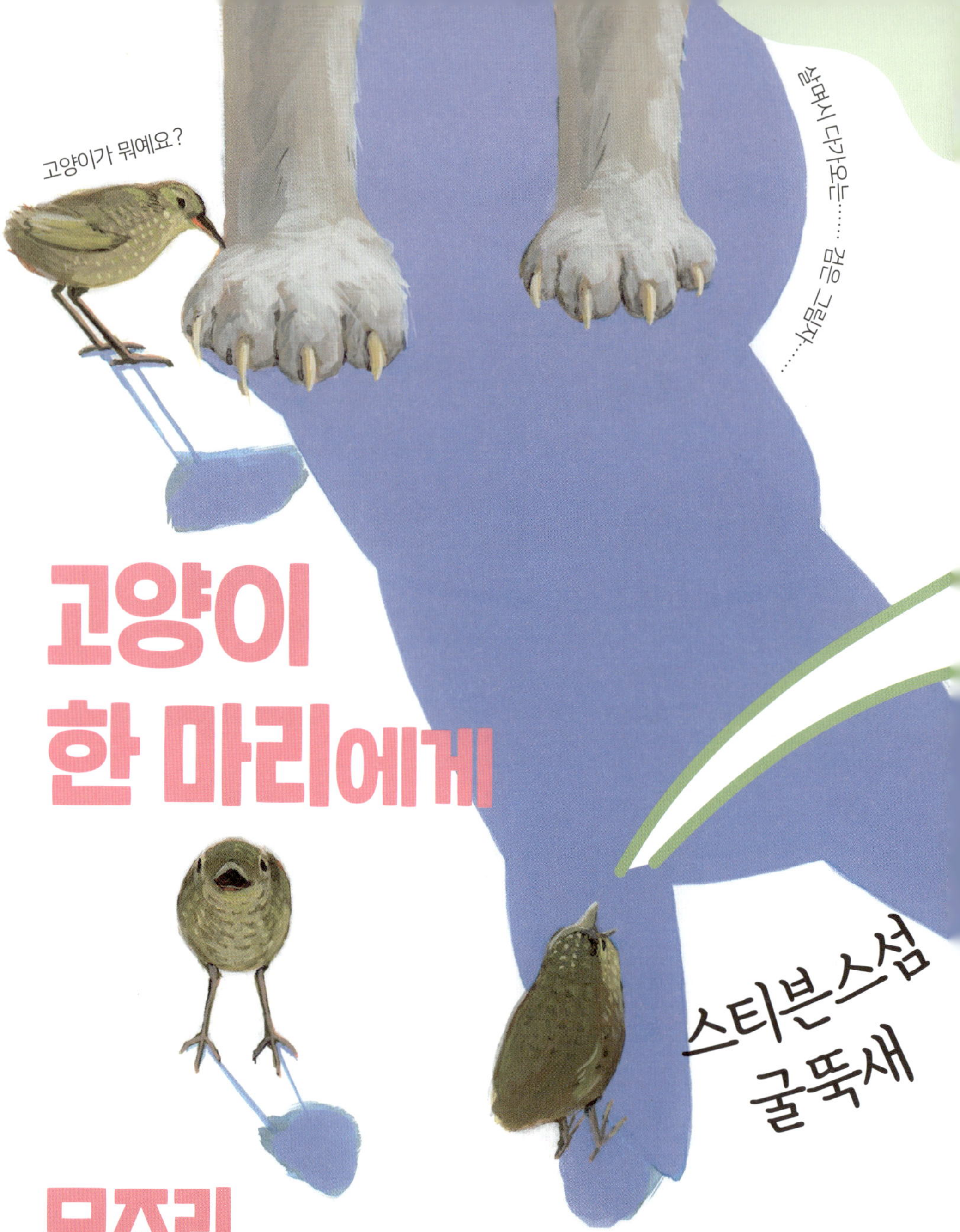
고양이가 뭐예요?
살며시 다가오는…… 검은 그림자……
스티븐스섬 굴뚝새

고양이 한 마리에게

모조리 사냥당해서 멸종

생 긴 건 참새, 하는 짓은 병아리! 그게 바로 우리예요. **천적이 적은 환경에서 살다 보니 어느새 나는 법을 잊어버리고 말았져요!**

우리는 스티븐스섬이라는 무인도에서 평화롭게 살고 있었져요.

그러던 어느 날, 섬에 등대가 생기면서 사람이 찾아왔져요. 그때 암고양이 한 마리를 데려왔죠.

난생 처음 보는 고양이에 우리는 가슴이 두근두근 설렜져요! **'친하게 지낼 수 있을까~' 하는 마음에 다가갔다가 순식간에 내 친구가 죽었져요.**

고양이는 날마다 우리를 사냥했져요. 안 그래도 우리는 스무 마리 남짓 남아 있었는데, **이 고양이 한 마리에게 모두 사냥당하고 말았져요.**

이렇게 우리는 멸종하고 말았져요.

멸종 시기	1894년
크기	전체 길이 10cm
서식지	뉴질랜드 스티븐스섬
먹이	곤충과 거미
분류	조류

이럴 걸 그랬어

너무 평화로웠져요. 역시 새는 날 줄 알아야 해요.

천적인 포유류가 없는 뉴질랜드에서 진화한 결과, 날지 못하게 된 새. 사람과 쥐가 뉴질랜드를 찾아오면서 멸종하나 싶었지만, 무인도였던 스티븐스섬에서는 가까스로 살아남았다. 하지만 섬에 등대가 세워지고 1894년에 사람이 고양이를 들여오자 마지막 서식지였던 스티븐스섬에서도 멸종하고 말았다. 고양이가 물고 온 시체를 토대로 1894년에 새로운 종으로 기재되었다.

선캄브리아기	고생대						중생대			신생대		
	캄브리아기	오르도비스기	실루리아기	데본기	석탄기	페름기	트라이아스기	쥐라기	백악기	고제3기	신제3기	제4기

위부화개구리

곰팡이가 슬어서 멸종

얘, 첫째 개굴아~! 둘째 개굴이하고 놀지만 말고 너도 좀 도우렴! **엄마는 앞으로 스무 마리나 더 입에서 꺼내야 한단 말이야!**

아유, 소란 피워서 미안해요. 우리는 위 속에서 애를 키우거든요. 요즘은 세상이 참 뒤숭숭하잖아요? 그래서 알을 낳으면 바로 삼키고, 다 자라면 밖으로 꺼낸답니다.

이보세요, 우웩이라뇨, 이건 스웩이라고요. 어머, 나도 참 주책맞게 무슨 소리람, 호호호!

뭐, 병에 걸려 멸종하고 말았지만요. 다른 나라에서 건너온 항아리곰팡이가 엄청 유행하는 바람에 손 쓸 도리가 없었답니다.

우리 개구리는 피부로도 호흡을 하잖아요? **그런데 피부에 온통 곰팡이가 번져서 숨을 쉬지 못하게 된 거죠.** 어휴~ 이럴 줄 알았으면 뭐 하러 아기들을 그렇게 열심히 삼켰을까!

멸종 시기	1983년
크기	전체 길이 3.6cm
서식지	호주
먹이	곤충
분류	양서류

이럴 걸 그랬어

좀 더 넓은 지역에서 살았으면 멸종은 피했을 텐데.

위 속에서 새끼를 키웠던 개구리. 알을 삼키면 위액의 분비가 멎고, 새끼를 키우는 동안 어미는 먹이를 먹지 않는다. 그리고 위 속에서 알이 부화하고 올챙이가 개구리로 변하면 입 밖으로 나온다. 발견되었을 때부터 개체 수가 적었던 위부화개구리는 해발 350~800m의 강가에서만 살고 있었다. 그러다 댐이 건설되고 숲이 사라지자 수가 한층 줄어들었고, 사람이 들여온 항아리곰팡이에 결정적인 타격을 입고 만 듯하다.

선캄브리아기	고생대						중생대			신생대		
	캄브리아기	오르도비스기	실루리아기	데본기	석탄기	페름기	트라이아스기	쥐라기	백악기	고제3기	신제3기	제4기

돌을 삼켜서 멸종

자이언트 모아
도저히 돌멩이를 끊을 수가 없어!
사람 키보다 긴 다리

어때요, 제 몸매. 아름답죠? **당연해요, 다리 길이만 2m 정도 되거든요.**

뉴질랜드에서 가장 큰 육상 동물이 바로 나였어요. **아름다우면서도 상대가 되는 적이 없는 강한 새. 그게 바로 나예요.**

그래서 날개가 아주 작게 변해 버렸죠. 필요 없었거든요. 적을 보고 후다닥 도망칠 일도 없으니 우리는 그저 우아하게 나뭇잎만 먹으면 그만이었답니다. 좋은 시절이었어요.

그런데 사람들이 찾아오더니 고기를 얻으려고 우리를 사냥하기 시작했어요. 그것도 아주 끔찍한 방법으로!

우리는 이빨이 없다 보니 돌멩이를 삼킨 다음에 배 속에서 식물을 으깼답니다. 그걸 본 사람들은 뜨겁게 달군 돌멩이를 준비해 놓고 우리에게 먹였어요!

이 원한…… 잊지 않겠어요!

이럴 걸 그랬어

돌을 삼키기 전에 뜨거운지 어떤지 한 번 확인할 걸 그랬어요…….

멸종 시기	16세기 무렵
크기	정수리까지의 높이 3.6m
서식지	뉴질랜드
먹이	작은 나뭇가지와 잎
분류	조류

뉴질랜드에는 박쥐 말고는 포유류가 없었기 때문에 천적이 없는 환경에서 많은 새들이 날지 않아도 되게 진화했다. 그 대표 주자는 모아 무리. 그중에서도 가장 수가 많았던 종인 자이언트모아는 키가 가장 큰 새였다. 몸무게가 230kg(킬로그램)이나 되어 상대할 적이 없었으나 9~10세기에 뉴질랜드를 찾아온 사람들이 고기를 얻기 위해 사냥하면서 그 수가 줄어 결국 멸종하고 말았다.

선캄브리아기	고생대						중생대			신생대		
	캄브리아기	오르도비스기	실루리아기	데본기	석탄기	페름기	트라이아스기	쥐라기	백악기	고제3기	신제3기	제4기

너무 말랑말랑해서 멸종

'있잖아.' '……왜?' '지금 먹히고 있는 거 아냐?' '아, 먹히고 있네…….' '큰일이야.' '싸워야 하는데.' '불가능해.' '왜?' '우리는 아무런 무기가 없잖아.' '그랬었지.' '이빨도 없어.' '입도 없고.' '눈도 없지.' '발도 없어.' '단단한 껍데기도 없어.' '말랑말랑하지.' '완전히 내놓은 목숨이야.' '그래도 살아갈 수 있었는데…….' '예전에는 그랬지.'

먹히고 또 먹히고
수수께끼로 가득한 동물

디킨소니아

'하지만 언제부터인가 변했어.' '강한 녀석이 약한 녀석을 잡아먹기 시작했지.' '목숨에 순서가 생긴 거야.' '우리는 잡아먹히는 쪽이었고.' '그게 다야.' '하지만 어떻게?' '뭐가?' '어떻게 입이 없는데 말을 하는 거지?' '왜냐하면 이건 내 혼잣말이니까.' '…….' '결국 누구와도 대화를 나눠 보지 못한 채 잡아먹혀 죽는구나.' '죽기 전에 친구를 사귀어 보고 싶었는데…….'

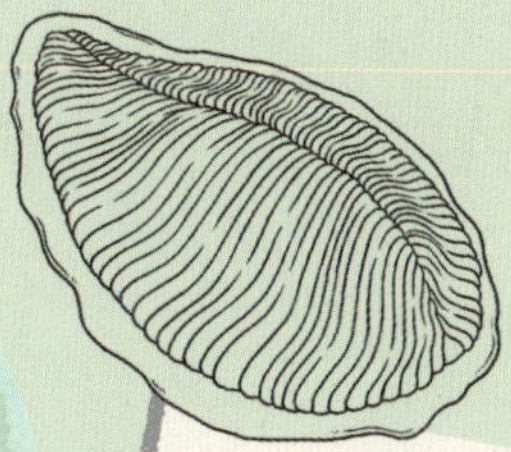

이럴 걸 그랬어

'누군가를 상처 입혀서라도 살아남는 강인함이 있었더라면…'

멸종 시기	선캄브리아기
크기	전체 길이 1m
서식지	호주
먹이	광합성
분류	에디아카라 동물군*

(*에디아카라 동물군 : 에디아카라기(6억 3500만 년 전~5억 4200만 년 전)의 화석으로 발견된 당시의 생물들)

선캄브리아기 말인 에디아카라기의 동물은 식물처럼 햇빛을 받아 에너지를 생산하거나 바닷물에서 영양분을 받아들인 듯하다. 눈, 입, 지느러미는 없고 몸은 말랑말랑하기 때문에 화석이 거의 남아 있지 않다. 그런 동물들 중 가장 거대했던 것이 바로 디킨소니아다. 디킨소니아는 평화롭게 지냈지만 눈, 입, 지느러미를 지닌 사냥꾼이 등장하면서 모조리 잡아먹히고 말았을 것으로 추정된다.

선캄브리아기	고생대						중생대			신생대		
	캄브리아기	오르도비스기	실루리아기	데본기	석탄기	페름기	트라이아스기	쥐라기	백악기	고제3기	신제3기	제4기

돼지발반디쿠트

여우의 습격을 받아서 멸종

쥐가 아니야, 나는 돼지발반디쿠트라고. **캥거루와 마찬가지로 유대류지.** 이렇게 엄연히 배에 주머니가 있잖아. 그리고 풀밖에 먹지 않아. 캥거루와 다른 점은 몸집이 아주 작다는 거야.

호주의 초원에서 살아가던 우리는 사람이 찾아오면서 사막으로 쫓겨나고 말았어. 우리 무리의 수는 줄었어도 먹이를 찾아 열심히 돌아다니면 그럭저럭 살아갈 수 있었지.

하지만 300년쯤 전에 유럽인들이 찾아오면서 우리의 삶은 크게 변했어. 유럽인들은 농사 지을 땅을 넓히고 양과 소를 키우기 시작했어. 게다가 사냥을 즐기기 위해 토끼와 여우를 데려와 풀어놓기까지 했지!

덕분에 얼마 안 되는 풀을 토끼에게 빼앗기고, 여우한테는 쫓기기까지 했으니 아주 끔찍했다니까. 이렇게 멸종할 줄 알았으면 한 대 때려 주기라도 할걸.

멸종 시기	1901년
크기	몸길이 25cm
서식지	호주
먹이	풀
분류	포유류

이럴 걸 그랬어

과일이나 곤충도 먹을 수 있는 잡식성이었다면 얼마나 좋았을까……

풀이 주식이었던 돼지발반디쿠트는 풀을 소화시키기에 좋은 길쭉한 장을 지니고 있었다. 돼지와 비슷한 발굽이 달린 가늘고 긴 다리로 초원을 뛰어다녔지만 호주에 사람이 찾아오면서 점점 사막으로 밀려나고 말았다. 게다가 사람이 들여온 토끼에게 먹이와 보금자리를 빼앗기고, 여우에게 모조리 잡아먹히고 만 듯하다.

선캄브리아기	고생대						중생대			신생대		
	캄브리아기	오르도비스기	실루리아기	데본기	석탄기	페름기	트라이아스기	쥐라기	백악기	고제3기	신제3기	제4기

개에게
병이 옮아서 멸종

일본늑대

아무리 늑대라도 바이러스까지 이기지는 못했지.

개는 멸종되지 않았는데…….

멍, 멍순아! 왜 다시 온 거야……!? 지난번에 이제 그만 만나기로 약속한 것 같은데……. 아니, 분명히 했거든? 게다가 어째서인지 요즘 들어 사냥꾼들이 나를 자꾸 쫓아다녀서 나랑 같이 있으면 위험하다고. 어서 돌아가.

아니, 걱정해 줘서 고맙긴 한데 문제는 그게 아니라……. **요즘 아주 위험한 병이 유행이라잖아.** 열도 나고, 재채기도 하고, 콧물도 흘리고, 이유도 없이 마구 짖어 대고. 그러다 **결국 죽게 된다는데…….**

나도 네 잘못이 아니라고 믿고 싶어. 하지만 실제로…… 일본에 온 외국인들이 애완견을 데려온 이후로 내 친구들이 픽픽 쓰러지기 시작했다고. **마치 바이러스라도 퍼진 것처럼.**

그러니 서로를 위해서라도 그만 헤어지자, 알았지? 그럼 안녕, 멍순아……. 근데 잠깐만, 너 지금 콧물이 장난 아닌데!? 혹시 아니지? 제발 살려 주라. 엉겨 붙지도 말고, 응?

멸종 시기	1905년
크기	몸길이 1m
서식지	일본
먹이	사슴과 멧돼지
분류	포유류

이럴 걸 그랬어

개하고 어울리지 말았어야 했다고.

19세기 중반에 많은 외국인이 일본을 찾아갔다. 그리고 외국인들이 데려간 애완견 때문에 동물 전염병이나 광견병 바이러스가 일본에 퍼졌다. 당시는 개를 풀어놓고 길렀으므로 '서양 개→일본 개→도시 근교의 늑대→산간 지역의 늑대'의 순서로 병이 옮겨 가기까지 그리 오랜 시간이 걸리지 않았다. 그리하여 일본늑대는 20세기로 들어서자마자 1905년에 멸종하고 말았다.

선캄브리아기	고생대						중생대			신생대		
	캄브리아기	오르도비스기	실루리아기	데본기	석탄기	페름기	트라이아스기	쥐라기	백악기	고제3기	신제3기	제4기

억울한 누명 때문에 멸종

저기, 잠깐만요! **양을 잡아먹은 건 제가 아니라고요!** 그야 늑대라고 불리긴 하지만 이름만 그렇다니까요. 늑대가 아니라고요.

호주에 살던 주머니늑대는 당신들 사람에게 멸종당했잖아요. 이곳 태즈메이니아섬에 살던 우리는 운 좋게 살아남았지요.

우리는 여기서 조용히 살고 있었는데, 대뜸 여기까지 찾

아와서는 “내가 기르던 양을 네가 잡아먹었지?”라고 불평을 늘어놓다니요. **그러다 냅다 마구 때리지를 않나, 사냥하지를 않나. 진짜 너무한 거 아니에요?**

아니, 그러니까 양을 잡아먹은 건 제가 아니라 개라니까요! **댁들이 데려온 개가 들개로 변해서 잡아먹은 거라고요!** 야, 인마, 개! 비겁하게 꼬리나 흔들고! 이봐요, 사람 씨! “개는 아무런 잘못도 없다.”고요? 당신들 정말 못됐어!

완전히 물 만난 고기처럼 신이 난 개!

멸종 시기	1936년
크기	몸길이 1m
서식지	호주
먹이	캥거루와 왈라비
분류	포유류

이럴 걸 그랬어

우리도 개처럼 사람하고 친해졌으면 좀 낫지 않았을까요?

본래 호주나 뉴기니에서 살고 있었지만 1만 년 전에 호주 원주민이 데려온 개에게 서식지와 먹이를 빼앗기면서 멸종하고 말았다. 하지만 개가 들어오지 못한 호주 태즈메이니아섬에서는 간신히 살아남았다. 그런데 19세기 태즈메이니아섬으로 이주해 온 사람들이 가축을 습격하는 해로운 맹수라며 현상금까지 내걸고 주머니늑대를 사냥하기 시작하자, 눈 깜짝할 사이에 멸종하고 말았다.

선캄브리아기	고생대						중생대			신생대		
	캄브리아기	오르도비스기	실루리아기	데본기	석탄기	페름기	트라이아스기	쥐라기	백악기	고제3기	신제3기	제4기

알을 지키지 못해서 멸종

디아트리마

알은 어디로 사라졌을까……

어머, 세상에! 이게 무슨 일이람! 내 귀여운 알이 없어졌잖아! 알에게 발이 달린 것도 아니고.

보나마나 이번에도 도둑맞았겠지. **얄미운 포유류 녀석들한테! 이게 몇 번째야, 도대체!**

포유류 녀석들, 얼마 전까지만 해도 발밑에서 알짱거리던 조무래기들이었는데. 어느새 덩치가 커져서 건방지게 나보다도 날렵해졌다니까.

도대체 얼마나 몰상식하면 바닥에 놓아둔 알까지 다 훔쳐 먹을까.

우리처럼 채식주의자가 되면 얼마나 좋아. 이래서 품격 떨어지는 촌뜨기들은 정말 싫다니까, 어휴!

무서운 공룡들이 사라져서 **드디어 우리 조류들의 시대가 왔나 했더니만…….** 포유류에게 왕좌를 빼앗길 줄이야, 너무 방심했어!

멸종 시기	고제3기(에오세 후기)
크기	정수리까지의 높이 2m
서식지	북아메리카, 유라시아 대륙*
먹이	식물
분류	조류

(*유라시아 대륙 : 유럽과 아시아를 하나로 묶어서 부르는 이름)

이럴 걸 그랬어

타조처럼 발이 빨랐다면 좀 나았을까.

날지 못하는 거대한 새인 디아트리마는 지면에서 정수리까지의 높이가 2m나 되었다. 머리와 부리가 크고 무겁기 때문에 그렇게까지 빨리 뛰지는 못했던 모양이다. 과거에는 육식 동물로 여겨졌지만 현재는 나무 열매 따위를 먹었을 것으로 보고 있다. 디아트리마는 공룡이 사라진 땅에서 거대해졌으나 뒤늦게 몸집이 커지기 시작한 육식성 포유류의 사냥감이 되었고, 알이나 새끼까지 잡아먹히면서 멸종하고 말았다.

선캄브리아기	고생대						중생대			신생대		
	캄브리아기	오르도비스기	실루리아기	데본기	석탄기	페름기	트라이아스기	쥐라기	백악기	**고제3기**	신제3기	제4기

매우 강해서 멸종

메가테리움
아프리카코끼리 정도의 키
긴 혀로 나뭇잎을 먹는다.
사실은 굼뜨다.

남아메리카에서 100만 년 전부터 대장 노릇을 했던 가장 크고 가장 강한 동물이 바로 나야. **몸길이 6m, 체중 3t,** 거대한 발톱. 스밀로돈*에게도 밀리지 않는 나무늘보의 일종이지!

*92쪽

……비웃지 마. **지금의 나무늘보와는 전혀 다른 동물이니까.** 나는 땅 위를 돌아다니며 이 커다란 발톱으로 나뭇가지를 낚아채 이파리를 우적우적 먹어 치웠어.

게다가 털가죽 밑에는 단단한 뼈로 된 판이 있어서 조금 깨물린 정도로는 끄떡없지!

그런데 왜 멸종했냐고? ……사냥당했어, 사람들한테. 내 움직임이 굼뜨다는 걸 알고는 우르르 몰려와서 공격했다니까! **내게 나무늘보의 피가 흐른다는 사실이 억울해!**

후, 쪼그만 사람한테 당하다니, 나도 많이 늙었나 봐.

멸종 시기	제4기(플라이스토세 후기)
크기	몸길이 6m
서식지	남아메리카
먹이	나뭇잎
분류	포유류

이럴 걸 그랬어

나무를 기어오르거나 빨리 달릴 줄 알았다면 살아남았을지도 몰라.

메가테리움은 땅늘보 중에서도 마지막으로 등장한 최대 종으로, 남아메리카에서는 마땅한 적수가 없었다. 남아메리카는 300만 년 전까지만 해도 독립된 대륙이었기 때문에 고양이나 개 등의 강한 육식 동물이 들어오지 못했다. 따라서 움직임이 느린 땅늘보라도 덩치가 커질 수 있었다. 하지만 무기를 지닌 사람의 무리가 나타나자 모조리 사냥당해 1만 년 전에 멸종하고 말았다.

선캄브리아기	고생대						중생대			신생대		
	캄브리아기	오르도비스기	실루리아기	데본기	석탄기	페름기	트라이아스기	쥐라기	백악기	고제3기	신제3기	제4기

쉬어 가기 ❶ 화석의 노래

노래 : 마멘키사우루스
작사 : 룡감한 형제
작곡 : M드래곤

아아 그럴 수만 있다면 다시 한 번
너와 만나고 싶어
하지만 불가능하겠지 나는 이미 죽었으니까

그 이후로 얼마나 지났을까
1억 년이나 지났으니 이제는 모르겠어

모래가 쌓여서 몸은 짓눌리고
살이 썩어서 눈물도 말라 버렸지

아아 하지만 사라지지 않는 것도 있어
단단한 뼈와 너를 향한 마음
정신을 차리고 보니 나는 어느새 화석

이제 내가 살아 있었을 때 무슨 색깔이었는지
아무도 알지 못해
울음소리도 알지 못하지

아아 그런데도
곧 있으면 박물관에 전시된다지
여름 방학이면 아이들이 엄청 찾아온다지

그런 건 어찌 되든 상관없으니까
화석이라도 상관없으니까
딱 한 번만이라도 너와 만나고 싶어

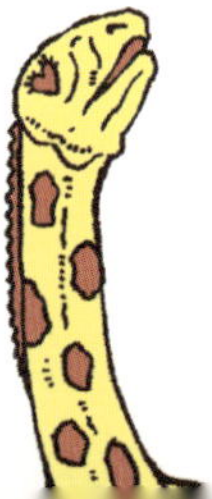

2

해도 너무해서 멸종

생물은 계속해서 진화합니다.
그 진화가 옳은 방향인지는 아무도 모릅니다.
하지만 너무 한쪽으로 치우쳤다간
살아남기 어려울 가능성이 높습니다.

턱이 너무 무거워서 멸종

안녕~ 코끼리야. 아니 뭐야, 그 눈빛은. **딱 보면 알아, 내 턱을 보고 있다는 거!** 아래턱이 엄청 튀어나오긴 했지만 나도 코끼리의 일종이다, 이 말이야. 짝퉁이 아니라고.

나는 이 삽처럼 생긴 평평한 이빨로 나무뿌리를 파내거나 나무줄기를 끊거나

플라티벨로돈

나무껍질을 벗겨 내서 먹었어. 너, 멋지다고 생각했지? 답답하긴. **이게 얼마나 무거운데!**

가뜩이나 머리도 큰데 이런 걸로 땅을 파다니, 생고생이 따로 없다니까! 게다가 씹기도 엄청 불편해. 턱에 아령을 매달고 밥 먹는 모습을 상상해 볼래? 힘들어 보이기도 하고 대체 왜 저러나 싶잖아. 그게 바로 나야. 그래서 나는 밥만 먹었는데 기운이 쏙 빠져서 자손을 남기지 못한 채 멸종하고 말았지. 그렇다고 우습게 보지는 마!

이럴 걸 그랬어

턱은 말고 코 하나만 늘였어야 했는데.

멸종 시기	신제3기(마이오세 후기)
크기	어깨까지의 높이 2m
서식지	아프리카, 유라시아 대륙, 북아메리카
먹이	풀과 나무껍질
분류	포유류

코끼리 무리는 몸집이 커짐과 동시에 윗입술과 코가 하나로 합쳐지고 길게 늘어났다. 그 덕분에 커다란 몸을 쪼그리지 않아도 물을 마실 수 있게 되었다. 플라티벨로돈은 코는 물론 아래턱까지 늘어났으며 아래턱 끝부분에는 삐드렁니처럼 생긴 엄니가 돋아나 있었다. 지금의 코끼리는 코만 길고 위쪽 앞니가 두 개의 엄니로 되어 있지만, 과거에는 아래쪽 앞니까지 엄니로 변해 엄니가 모두 네 개인 코끼리 무리도 있었다.

선캄브리아기	고생대						중생대			신생대		
	캄브리아기	오르도비스기	실루리아기	데본기	석탄기	페름기	트라이아스기	쥐라기	백악기	고제3기	신제3기	제4기

이빨이 빠지지 않아 멸종

거추장스럽다는 건 나도 알아. 하지만 버릴 수가 없어. 이 이빨 하나하나가 내가 싸워 온 역사거든.

어릴 때는 이렇지 않았어. 소용돌이처럼 돌돌 말려 있지 않았다고. 하지만 나이를 먹으면서 한 바퀴, 두 바퀴, 세 바퀴……. **새 이빨이 계속해서 밖으로 돋아났고, 오래된 이빨은 안으로 말려 들어갔지.**

나는 나의 소용돌이 이빨이 두려웠어.

헬리코프리온
나이를 먹을수록 계속 돋아난다.

도대체 얼마나 커질까? 이빨에 찔려 입안에 염증이 생기면 어떡하지? 온갖 불안한 생각이 머릿속에 떠올랐어.

하지만 이건 강해지기 위한 시련이었어. 우리는 이 이빨로 암모나이트 따위를 먹으며 6000만 년이나 살아남았지.

하지만 나중에 길고 가느다란 입으로 잽싸게 먹이를 낚아채는 어룡*이 나타났어. **먹이를 빼앗겼을 때는 '내 이럴 줄 알았지' 싶더라.** 그리고 우리는 멸종했어.

*28쪽

이럴 걸 그랬어

상어처럼 오래된 이빨이 빠지고 새 이빨이 돋아나는 편이 더 나았을 거야.

뱅글~ 뱅글~ 뱅글~ 뱅글~

멸종 시기	트라이아스기 전기
크기	전체 길이 4m
서식지	전 세계의 바다
먹이	암모나이트 등의 두족류
분류	연골어류

헬리코프리온은 아래턱에 줄줄이 돋아난 이빨이 소용돌이처럼 말려 있는 대신 위턱에는 이빨이 없었다. 이 기묘한 동물은 상어나 가오리에 가까운 은상어의 친척으로 생각된다. 오래된 이빨을 남겨 두면 무슨 장점이 있는지는 밝혀지지 않았지만, 원반 형태의 톱처럼 생긴 이빨은 암모나이트같이 미끌미끌한 두족류를 단단히 붙잡기에 안성맞춤이었다는 설이 있다. 하지만 두족류를 먹이로 삼는 어룡이 등장하자, 세대가 교체되듯이 모습을 감추고 말았다.

선캄브리아기	고생대						중생대			신생대		
	캄브리아기	오르도비스기	실루리아기	데본기	석탄기	페름기	트라이아스기	쥐라기	백악기	고제3기	신제3기	제4기

너무 많아서 멸종

유 후☆ 평화의 상징, 비둘기예요! '어딜 가나 있을 것 같다!'고 생각했다면 정답~.

왜냐하면 가장 많을 때는 50억 마리나 됐거든요. 우리가 날갯짓을 하면 하늘이 어둑어둑해지고 날갯짓 소리 때문에 대화를 나누기 어려울 정도였대요. **우리가 떠난 자리에는 똥이 눈처럼 쌓여 있었다고도 하고요.** 약간 환상적이지 않나요♪

여행비둘기

알고 보면 근육이 제법 울퉁불퉁하다.
헉!
독수리도
여행비둘기 떼는
무서워.

그렇게나 많다 보니 우리는 해마다 먹이를 찾아 캐나다와 멕시코 사이를 오고 갔어요. 그런데 사람들이 난데없이 총으로 빵!

많아도 너무 많다 보니 대충 쏴도 몇 마리는 무조건 맞았어요. 고기나 깃털을 노린 사람들이 **우리를 하루에 20만 마리씩이나 사냥했죠!** 우리가 너무 많아서 마구 잡아도 된다고 생각했을까요?

우리도 지나치게 늘어났다고 생각했지만 사람들도 너무했어요~.

이럴 걸 그랬어

눈에 띄지 않도록 무리를 작게 지었으면 사냥당하지 않았을 텐데요.

멸종 시기	1914년
크기	전체 길이 40cm
서식지	북아메리카
먹이	씨앗과 과일
분류	조류

여행비둘기는 조류 역사상 가장 수가 많았던 야생 조류로 알려져 있다. 크게 무리를 지어 독수리와 같은 천적으로부터 몸을 지켰으므로 수명이 길었다. 하지만 번식 능력이 낮아서 알을 1년에 하나밖에 낳지 않았다. 한 곳에 머물렀다 하면 식물을 모조리 먹어 치웠기 때문에 항상 식물을 찾아 이동하며 지냈는데, 여행비둘기의 이동 경로에서 기다리고 있던 유럽인들의 손에 모조리 사냥당하고 말았다.

선캄브리아기	고생대						중생대			신생대		
	캄브리아기	오르도비스기	실루리아기	데본기	석탄기	페름기	트라이아스기	쥐라기	백악기	고제3기	신제3기	제4기

너무 올곧아서 멸종

안 돼요, 안 돼! 갑자기 방향을 돌리라니요. 무리예요. 이 껍데기를 보라구요. **거의 10m나 된다니까요.**

“이봐요. 짧게 좀 줄여 봐요. 요즘은 짧은 게 유행이에요.”

남의 일이라고 너무 쉽게 말하는 거 아니에요? 난 **껍데기 속 액체가 없으면 균형을 잡지 못한다고요.** 무슨 말인지는 알아요. 실제로 너무 무거워서 움직임도 굼뜨고, 재빨

카메로케라스
어라~
잽싸게 방향을 돌리는 먹잇감

리 방향도 확 바꾸지 못하니까.

앵무조개*라는 친척은 껍데기가 아담하게 돌돌 말려 있잖아요. 솔직히 너무 부러워요.

하지만 올곧다는 점이 우리의 장점인지라, 먹잇감인 삼엽충을 사냥할 때 미리 잘 생각해야 해요. 막판에 '아, 이쪽이 아닌데.' 해 봐야 소용없거든요. **우리는 그냥 스윽~ 하고 지나칠 수밖에 없어요. 스윽~ 먹잇감을 지나쳐도 스윽~.**

*158쪽

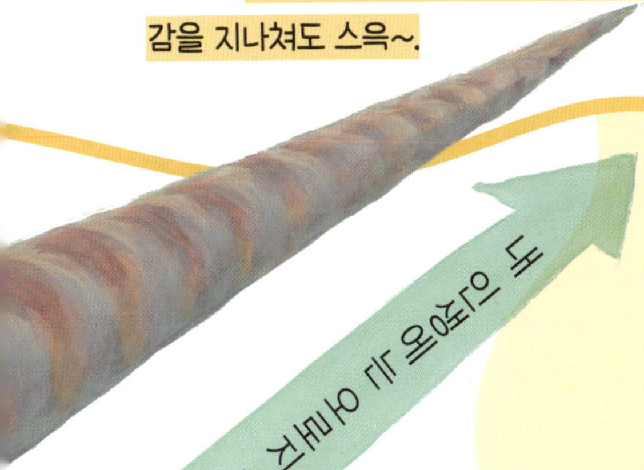

내 인생은 오로지 직진만 있을 뿐

멸종 시기	오르도비스기 중기
크기	전체 길이 7.5~12m
서식지	북아메리카
먹이	절지동물(삼엽충 등)
분류	두족류

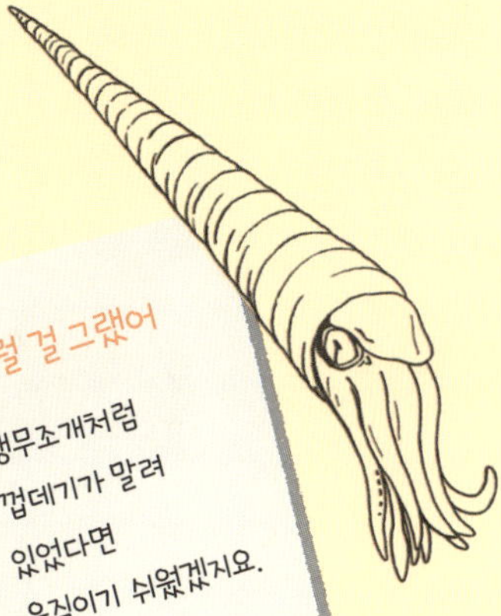

이럴 걸 그랬어

앵무조개처럼
껍데기가 말려
있었다면
움직이기 쉬웠겠지요.

거대한 껍데기를 지녔지만 본체가 차지하는 부분은 껍데기 전체의 약 6분의 1. 나머지 공간은 작은 방으로 나누어져 있어서 안에 든 액체의 양을 조절하여 물에서 떠오르거나 가라앉을 수 있었다. 오르도비스기 최대의 동물로 알려져 있으며 이렇다 할 천적은 없었다. 하지만 지나치게 성장한 카메로케라스는 바다 밑바닥에 굴러다니고 있었다는 설도 있다. 거대한 크기 탓에 움직이기 어려워서 멸종한 것으로 보인다.

선캄브리아기	고생대						중생대			신생대		
	캄브리아기	오르도비스기	실루리아기	데본기	석탄기	페름기	트라이아스기	쥐라기	백악기	고제3기	신제3기	제4기

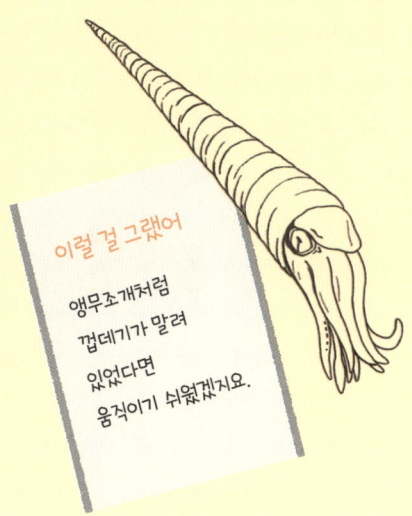

괴상하게 꼬여서 멸종

보통은 이런 껍데기
인생관도 배배 꼬이는 중
나는 왜 이렇게 진화했을까? 나조차도 절대 이해 안 됨!

니포니테스

저기요, 방금 '와, 이건 아닌데…….'라고 생각했죠? 괜찮아요. 이제는 익숙하니까. 아뇨, 진짜로 **'껍데기가 꼭 똥같이 생겼어!'**라고 생각해도 어쩔 수 없어요.

이래 봬도 이름난 암모나이트 가문 소속이에요. 그래 봐야 난 암모나이트의 역사가 막을 내릴 무렵에 슬쩍 고개를 내민 별종이지만요.

실제로 사람들이 나를 보고 '괴상하게 꼬인 암모나이트'라고 부른다는 것도 알아요. 뭐, 그래서인지 성격도 자꾸 꼬이네요, 하하하.

껍데기가 복잡하게 보여서 그렇지, 몸의 구조는 암모나이트하고 똑같아요. 껍데기 안은 살이 아니라 공기와 물로 채워져 있어요.

그전까지는 3억 5000만 년이나 가지런히 말려 있었잖아요. 그래서 **'지겨운데 슬슬 디자인을 좀 바꿔 볼까.' 하고 생각했던 게 실수였죠, 하하하.**

멸종 시기	백악기 후기
크기	껍데기의 지름 2cm
서식지	일본, 영국, 마다가스카르, 미국
먹이	갑각류나 물고기의 시체
분류	두족류

이럴 걸 그랬어

생김새를 바꾸기 전에 인생관부터 바꿨어야 했다는 생각이 들어요.

암모나이트류는 고생대부터 중생대에 걸쳐 무려 3억 5000만 년 동안 번성했다. 다만 중생대의 마지막인 백악기에는 개체 수가 크게 줄었다. 그때 등장한 동물이 바로 니포니테스였다. 그전까지의 암모나이트와는 다른 방식으로 껍데기가 말리게끔 진화했지만 살아가는 데에는 딱히 유리한 점이 없었는지 얼마 지나지 않아 멸종한 것으로 보인다.

선캄브리아기	고생대						중생대			신생대		
	캄브리아기	오르도비스기	실루리아기	데본기	석탄기	페름기	트라이아스기	쥐라기	**백악기**	고제3기	신제3기	제4기

아름다워서 멸종

파란영양

이래 봬도 소와 친척이야.

아, 괴로워요. 이 답답한 가슴은 언제쯤이면 후련해질까요. 예전에 우리는 남아프리카 초원 곳곳에서 살아가고 있었어요. 그런데 3만 5000년쯤 전부터 **초원에 나무들이 쑥쑥 자라나면서 보금자리가 줄어들었지요.**

하는 수 없이 우리는 군데군데 눈에 띄는 작은 초원에서 대여섯 마리씩 무리를 지어 생활했어요.

바로 그때 나타난 것이 금이나 다이아몬드를 캐러 온 사람들이었어요. 그런데 이럴 수가, 사람들은 우리를 발견하자마자 사냥하기 시작했어요.

틀림없이 우리의 푸른 모피가 탐이 나서 그랬겠지요. 이렇게 아름다운 파란색 털을 가진 동물은 아주 보기 드무니까요. 죽은 친구들은 박제나 외투로 변해 팔려 나갔어요.

그리고 200년 전에 마지막 한 마리가 목숨을 잃으며 우리는 이 세상에서 모습을 감췄답니다.

멸종 시기	1800년 무렵
크기	몸길이 2m
서식지	남아프리카
먹이	풀
분류	포유류

이럴 걸 그랬어

조금만 더 빛깔이 수수했더라면 사냥감이 되지 않았을지도 모르지요.

파란영양의 털은 포유류에서는 매우 희귀한 파란색이다. 다만 박물관에 보존된 모피는 빛바랜 옅은 회색이어서 살아 있을 때 얼마나 파란색이었는지는 알 수 없다. 사람에게 발견되었을 때 이미 그 수가 줄어 있었다. 사람이 아름다운 모피를 얻기 위해 파란영양을 사냥하기 시작한 지 약 120년 만에 모습을 감췄다. 아프리카에서 사람이 멸종시킨 최초의 대형 동물이라고 한다.

선캄브리아기	고생대						중생대			신생대		
	캄브리아기	오르도비스기	실루리아기	데본기	석탄기	페름기	트라이아스기	쥐라기	백악기	고제3기	신제3기	제4기

너무 꾸며서 멸종

있잖아, 우선 **눈은 다섯 개를 달았어.** 그리고 뒤도 잘 볼 수 있게 눈을 버섯처럼 쭉 늘였지.

그런 다음 얼굴 앞쪽에는 코끼리 코처럼 길쭉한 빨대도 달았어. 아, 하지만 이건 코가 아니라 팔이야.

팔 끝에는 게처럼 집게도 달았지. 이걸로 먹이를 잡아서 입까지 가져가는 거야. 입은 몸 아래쪽에 있지롱♪

그리고 또 몸 양쪽에는 지느러미를 화려하게 많이 달았는데, 숨을 쉬기 위한 아가미도 여기에 있어. 깜빡해서 여기다 단 건 아니야.

또 뭐가 남았을까……. 꼬리를 새우의 꼬리 비슷하게 만든 정도일까~. 아! 맞다! **몸 밑에는 돌기처럼 작은 발을 잔뜩 붙였어!** 바다 밑바닥을 쓱쓱 기어 다니면 좋겠다~ 싶어서! 어때~♪

이러다 환경의 변화를 따라잡지 못해 죽었어.

멸종 시기	캄브리아기 중기
크기	몸길이 5cm
서식지	캐나다, 중국
먹이	모래 밑에 숨은 부드러운 동물
분류	밝혀지지 않았음

이럴 걸 그랬어
적당히 꾸밀 걸 그랬지?

오파비니아의 복원도가 학회에서 발표되자 많은 생물학자가 '말도 안 된다'고 생각했는지 학회장은 웃음바다가 되었다고 한다. 실제로 빨대와 집게, 다섯 개의 눈, 수많은 지느러미에 발까지 달린 모습은 다른 동물에게서 찾아볼 수 없는 유일한 형태였다. 비슷한 특징을 지닌 동물이 지금까지 발견되지 않은 것을 보면 지나치게 많은 기능이 생존에 딱히 유리한 것은 아닌 모양이다.

선캄브리아기	고생대						중생대			신생대		
	캄브리아기	오르도비스기	실루리아기	데본기	석탄기	페름기	트라이아스기	쥐라기	백악기	고제3기	신제3기	제4기

말과 사랑에 빠져서

멸종

노발대발한 목장 아저씨
타팬
훌떡 넘어간 말순이
사랑의 도피

여 어, 안녕! 왜 그렇게 기운이 없어? 어디 밥이나 먹으러 갈까? 신선한 풀 어때?

아, 그립다. 예전에도 이렇게 말 아가씨랑 놀러 다니곤 했는데. 사실 우리는 원래 말과 같은 종이었어. 그런데 6000년 전에 사람이 접근하더니만, **사람에게 길들여진 녀석은 말이 됐고, 그렇지 않은 녀석은 타팬으로 남았지.**

그렇게 꽤 오랫동안 따로따로 살다가 200년쯤 전이었나, 사람이 늘어나는 바람에 초원이 줄어들자 지낼 곳이 없어진 우리는 목장으로 다가갔어. 그때 딱 감이 왔지. **'목장에 있는 저 말 아가씨를 봐, 이건 운명이야.'** 하고 말이야.

나는 말 아가씨에게 다가갔고 우린 사랑에 빠졌어. 첫눈에 반했다고나 할까. 말 아가씨를 목장에서 데리고 나왔어. 그리고 아이들을 쑥쑥 낳고 기르는 동안 **그만 말과 동화되고 말았지.** 내가 타팬인지 말인지 모르게 되었어. 캬~ 사랑의 힘은 참 무섭다니까.

멸종 시기	1909년
크기	어깨까지의 높이 1.2m
서식지	유럽
먹이	풀
분류	포유류

이럴 걸 그랬어
사람들한테
다가가지
말았어야 했는데.

사람은 약 6000년 전부터 타팬을 가축으로 길렀다. 처음에는 단순히 고기를 얻기 위해서였지만 '등에 타고 빨리 달릴 수 있다'는 사실을 알게 되자 중요한 가축으로 기르게 되었다. 야생에서 살아남은 타팬도 있었다. 하지만 광활한 초원이 줄어들자, 타팬은 목장에 다가갔고 사람에게 사살당하거나 말과의 잡종이 늘어나면서 멸종했다.

선캄브리아기	고생대						중생대			신생대		
	캄브리아기	오르도비스기	실루리아기	데본기	석탄기	페름기	트라이아스기	쥐라기	백악기	고제3기	신제3기	제4기

뿔에 영양분을 빼앗겨서 멸종

크, 가, 가만히 있어, 뿔아……! 헉헉, 설마 이런 일이 벌어질 줄이야. **크악, 뿔이 칼슘을 빨아들이고 있어……!?**

나, 나는 그녀와 맺어지기 위해 다른 수컷과 싸워 반드시 이겨야만 했지. 그래서 기도했어. **나의 뿔이여, 더 강하게, 더 단단하게, 더 크게 자라 줘!**

하, 하지만…… 뿔의 성장 속도는 나의 예상을 아득하게 뛰어넘고 말았어.

뿔에 영양분을 빼앗겨 온몸의 뼈가 텅텅 비어 버렸어! 걸핏하면 뼈가 부러져서 함부로 돌아다닐 수가 없었어. 게다가 숲이 줄어들어 먹이가 적어진 탓에 부족한 영양을 채울 수가 없었어. 나에게 치명적이었지.

흑흑…… 이것이 절망인가. 어쩌지…… 잠이 오기 시작하는군…….
빨리 뿔에서…… 누가 나를 해방시켜…… 주었으면…….

큰뿔사슴

이럴 걸 그랬어

달걀 껍데기라도 먹고 칼슘을 보충했어야 했는데.

멸종 시기	제4기(플라이스토세 후기)
크기	어깨까지의 높이 2m
서식지	유라시아 대륙
먹이	식물
분류	포유류

수컷 큰뿔사슴의 뿔은 너비가 3m에 무게는 45kg이나 되었다. 뿔이 이렇게 거대해서야 편히 물을 마시지도, 풀을 뜯지도 못했을 것으로 보인다. 게다가 큰뿔사슴의 뿔은 해마다 새로 자라났다. 그 시기에는 대량의 칼슘과 인이 필요했다. 그런데 플라이스토세 후기에 숲이 줄어들면서 뿔에 빼앗긴 영양분을 충분히 보충할 수 없게 되었고, 결국 큰뿔사슴은 뼈가 약해진 탓에 멸종하고 만 것으로 보인다.

선캄브리아기	고생대						중생대			신생대		
	캄브리아기	오르도비스기	실루리아기	데본기	석탄기	페름기	트라이아스기	쥐라기	백악기	고제3기	신제3기	제4기

부리가 너무 특이해서 멸종

활부리하와이
꿀먹이새
쪼옥~
이 꽃 없이는
살아갈 수 없어.

안녕~. 그러니까 당신은 제가 멸종한 이유를 알고 싶다는 말이군요. 뭐, 굳이 하나를 꼽자면 **부리의 생김새를 지나치게 특이하게 만들었다는 점 아닐까요.**

우리 하와이꿀먹이새 무리는 확인된 것만 모두 32종으로, 하와이 제도 안에서 다툴 일이 없도록 **각자 먹이에 맞게끔 부리의 길이나 생김새가 조금씩 다르게 진화했어요.**

저는 오히아 레후아라는 꽃만 먹었는데……, (알로하!) 푭, 아이고, 미안해요! 어디까지나 꽃 이름이지 '알로하!' 같은 하와이 인사를 한 건 아니니까 괜히 오해하지 마세요.(^_^)

아무튼, 이 긴 부리는 이 꽃의 꿀을 먹는 전용 빨대 같은 거예요. 덕분에 이 꽃의 꿀을 독차지할 수 있었어요. 그런데 사람들 때문에 오히아 레후아가 크게 줄었어요. 이 부리로는 다른 먹이를 먹기 힘들고, 결국 우리도 멸종하고 말았죠. 그래서 궁금증이 조금 풀렸나요……?

멸종 시기	1940년
크기	전체 길이 16cm
서식지	하와이 제도
먹이	꽃의 꿀과 곤충
분류	조류

이럴 걸 그랬어

하나에만 지나치게 의존하는 건 위험하다고나 할까요.

하와이꿀먹이새 무리는 저마다 다른 먹이를 먹도록 진화한 덕분에 하와이 제도 안에서 다투지 않고 살아갈 수 있었다. 활부리하와이꿀먹이새는 가느다란 꽃 안쪽에 있는 꿀과 나무에 숨은 곤충을 먹기 위해 진화한 결과, 길게 구부러진 부리를 얻었다. 하지만 특수한 진화는 환경의 변화에 약하다. 활부리하와이꿀먹이새는 이주민들이 숲을 밭으로 바꾸자 갑자기 모습을 감추고 말았다.

선캄브리아기	고생대						중생대			신생대		
	캄브리아기	오르도비스기	실루리아기	데본기	석탄기	페름기	트라이아스기	쥐라기	백악기	고제3기	신제3기	제4기

숨을 쉬지 못해 멸종

바람 따라 나도 간다.

메가네우라

헛차, 헛차, 잠깐 실례! **사상 최대의 곤충이라 불리는 이 몸이 지나갑니다~.**

내가 어디로 가는지는 바람한테 물어보라고. **잠자리하고 꼭 닮은 붕어빵이지만 사실 나는 날갯짓을 거의 못하거든.** 그저 하늘하늘 바람에 몸을 맡길 뿐이지♪ 갈 곳을 정하지 않고 바람 따라 흘러가는 낭만적인 비행이다 이 말씀.

내가 살던 시대는 산소가 짙어서 아주 맛있었는데~. 지금의 공기는 산소 농도가 21%(퍼센트)지만 그때는 산소 농도가 35%나 됐거든. 그런 공기가 배에 꽉 들어차는 기분을 알까 몰라. 그래서 이렇게나 덩치가 커질 수 있었다는 말씀.

그런데 육지에도 커다란 동물들이 자꾸자꾸 늘어나더라고. **모두가 한꺼번에 숨을 쉬어 대니 산소가 점점 옅어졌어.**

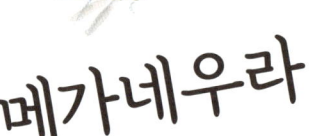

우리는 숨이 안 쉬어져서 숨을 헐떡이다 땅에 픽 떨어지고 말았다는 말씀~♪

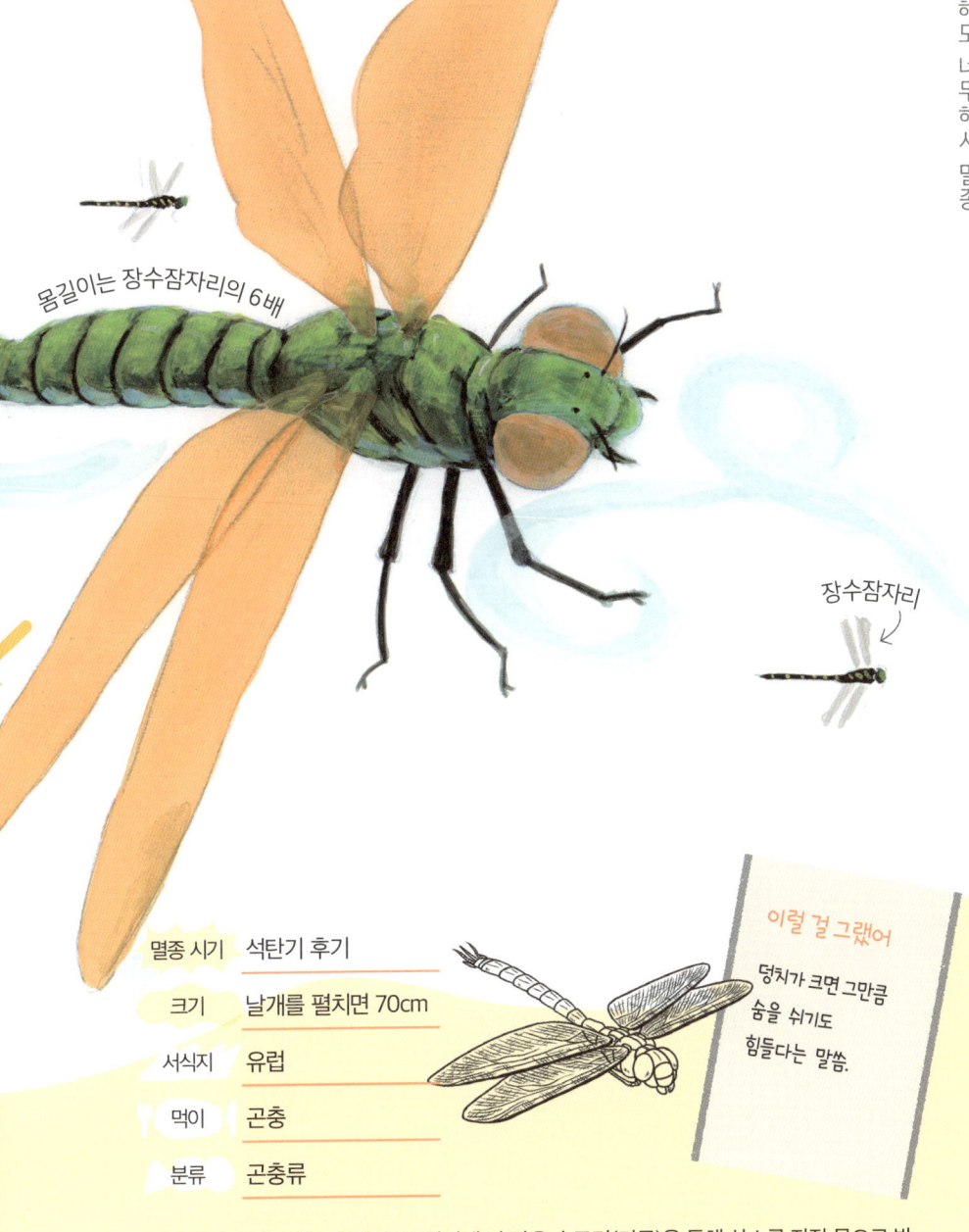

몸길이는 장수잠자리의 6배
장수잠자리

멸종 시기	석탄기 후기
크기	날개를 펼치면 70cm
서식지	유럽
먹이	곤충
분류	곤충류

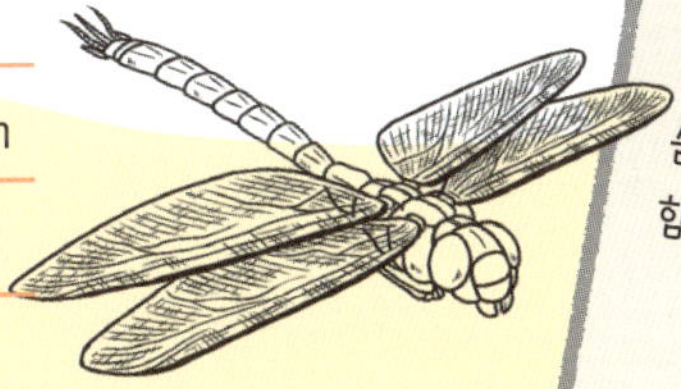

이럴 걸 그랬어

덩치가 크면 그만큼
숨을 쉬기도
힘들다는 말씀.

사람과 달리 폐가 없는 곤충은 몸 옆면에 난 작은 숨구멍(기문)을 통해 산소를 직접 몸으로 받아들여서 호흡한다. 이 방식은 효율이 별로여서 몸집이 커지면 온몸에 산소를 고루 보내기 어려워진다. 메가네우라가 번성했던 시대는 산소 농도가 높았으나 육지에 동물이 늘어나면서 공기 중의 산소는 점점 옅어졌고, 결국 제대로 숨을 쉬지 못해 멸종한 듯하다.

선캄브리아기	고생대						중생대			신생대		
	캄브리아기	오르도비스기	실루리아기	데본기	**석탄기**	페름기	트라이아스기	쥐라기	백악기	고제3기	신제3기	제4기

머리가 나빠서 멸종

앗, 검치호랑이 씨다. 안녕하세요~! 얼마 전에 이 동네로 이사 오셨다고 들었어요.

어쩐지 우리…… **생김새가 엄청 닮았네요!** 신기해라. 앗, 따라 한 거 아닌데요!? 그렇게 무서운 얼굴로 노려보실 필요는 없잖아요~.

확실히 **생김새뿐 아니라 먹잇감이나 사냥 방식도 빼다 박긴 했지만…….** 우리 서로 도우면서 살자고요~!

……. 앗, 무시하는 거예요? 혹시 매번 한발 먼저 제 먹잇감을 가로챘던 것도 일부러 그런 거예요?

부끄럽지만 **저는 복잡하게 생각하기를 싫어하거든요.** 느긋~하게 사냥을 나가 보면 항상 먹잇감이 없어서 얼마나 힘든데요.

저도 먹고는 살아야 하니까 괜찮으시다면 조금만 남겨 주시는 게…….

머리가 썩 좋지 않다.
여기에 이빨을 넣는다.

틸라코스밀루스

멸종 시기	신제3기(플라이오세 후기)
크기	몸길이 1.5m
서식지	남아메리카
먹이	대형 포유류
분류	포유류

이럴 걸 그랬어

엄니를 길게 늘이기 전에 두뇌를 먼저 단련했으면…… 그런 편이 더 낫지 않았을까요.

틸라코스밀루스(유대류)와 검치호랑이(태반류*)는 다른 종이지만 생김새와 사냥 방식이 꼭 닮았다. 그런 두 동물의 미래는 '지능' 때문에 갈렸다고도 볼 수 있다. 몸의 구조상 태반류는 유대류보다 뇌가 더 발달했다. 틸라코스밀루스와 검치호랑이의 먹이 경쟁에서 누가 이겼을까? 한층 효율적인 사냥 방법을 생각해 낼 수 있는 검치호랑이에게 패배하여 틸라코스밀루스가 멸종했을지도 모른다. (*태반류 : 원숭이나 사람처럼 새끼가 태반에서 자란다.)

선캄브리아기	고생대						중생대			신생대		
	캄브리아기	오르도비스기	실루리아기	데본기	석탄기	페름기	트라이아스기	쥐라기	백악기	고제3기	신제3기	제4기

더위에도 약하고 추위에도 약해서 멸종

네 이놈, 악어야! 누구 허락을 받고 감히 내 구역을 얼쩡거리는 게냐? "많이 힘들어 보이십니다."라니, 어딜 건방지게! **나는 더위가 딱 질색이니라.** 이렇게나 덩치가 크면 식히는 데만도 한참이 걸린단 말이다.

티타노보아

뭐라? "시원한 곳으로 이사를 가시면 어떨까요?"라니, 네 이노오오옴! **추위는 더 질색이란 말이다!** 내가 체온을 조절하지 못한다는 걸 알면서 감히 그런 소리를 해? 기온이 30℃ 밑으로 떨어지면 못 움직이지 않느냐!

듣거라. **모든 일에는 장점이 있으면 단점도 있는 법이니라.** 덩치가 작은 녀석은 약하지만 몸이 날래지. 덩치가 커다란 녀석은 강하지만 유연하지 못해. 그래서 내가 기후가 조금 따뜻해지자마자 바로 멸종하고 말았느니라.

이럴 걸 그랬어

좀 더 아담한 크기로 태어나고 싶었느니라.

전체 길이 13m에 몸통 지름도 1m나 되었다고 하는 사상 최대의 뱀. 예상 체중은 1t이 넘는데, 이는 현재 지구에서 가장 무거운 뱀인 아나콘다의 5배에 달하는 무게다. 공룡이 멸종한 이후로 물가에서 생활하며 거대해진 티타노보아는 악어와 같은 대형 동물을 잡아먹는 무적의 뱀이었지만 지나치게 큰 탓에 체온을 제대로 조절하지 못했다. 30~34℃의 온도에서만 활동할 수 있었는데, 기온이 높아지면서 멸종한 것으로 보인다.

멸종 시기	고제3기(팔레오세)
크기	전체 길이 13m
서식지	남아메리카
먹이	악어
분류	파충류

선캄브리아기	고생대						중생대			신생대		
	캄브리아기	오르도비스기	실루리아기	데본기	석탄기	페름기	트라이아스기	쥐라기	백악기	고제3기	신제3기	제4기

뿔이 너무 화려해서 멸종

헤이, 친구! 이리 와서 내 얘기 좀 들어 보지 않을래?

오케이, 착하기도 해라. 이 뿔을 봐. 끝내주지? **끄트머리가 무려 서른 갈래나 갈라져 있다니까!** 와우! 그야말로 사랑의 미로……. 오케이, 방금 한 말은 잊어 줘.

나 말이야? 나는 **나뭇가지에 뿔이 걸려서 옴짝달싹 못 하고 있지.** 원래 나는 숲에서 살고 있었어. 하지만 도중에 새로 생겨난 습지로 이사를 왔지. **숲에서는 뿔이 자꾸 나무에 걸렸거든.** 습지에서는 뿔이 걸릴 만한 게 없으니까 세상 좋았어. 한가로이 풀을 뜯으며 나의 멋짐을 뽐낼 수 있었지. 그런데 그 습지로 사람들이 우르르 몰려와 살기 시작했어. 오 마이 갓!

풀은 자꾸 줄어들지, 사냥꾼들은 **벽에 장식하거나 약의 재료로 쓰겠다며 내 뿔을 탐내지…….** 나 참, 사람한테는 못 당하겠다니까.

그건 그렇고 친구, 빨리 나뭇가지에서 뿔 좀 빼 주지 않을래?

멸종 시기	1938년
크기	어깨까지의 높이 1.2m
서식지	태국
먹이	풀
분류	포유류

이럴 걸 그랬어

다른 사슴들처럼 아담한 뿔이 더 낫지 않았을까?

대부분의 사슴 무리는 숲에서 부드러운 나뭇잎을 먹고 산다. 숀부르크사슴은 뿔이 계속해서 자라, 뿔이 나무에 걸려 숲에서 지내기가 힘들어졌다. 그래서 태국의 차오프라야강 주변의 습지로 이동하여 부드러운 풀을 뜯어 먹으며 살았다. 그곳이 태국의 수도로 발전하여 숀부르크사슴 서식지는 논으로 변했고, 사냥꾼들에게 멋들어진 뿔을 빼앗겨 멸종하고 말았다.

선캄브리아기	고생대						중생대			신생대		
	캄브리아기	오르도비스기	실루리아기	데본기	석탄기	페름기	트라이아스기	쥐라기	백악기	고제3기	신제3기	제4기

등의 돛이 거추장스러워서 멸종

디메트로돈

야 야야야, 또~ 걸려 버렸네. 계속 짊어지고 다니기도 슬슬 힘에 부치는구먼.

등에 달린 돛이 아주 멋있지? 옛날에는 다들 이 돛을 얼마나 부러워했는데. 우리가 번성했던 시대는 제법 추웠거든. 다들 몸을 움직이려면 한참 동안 햇볕에 몸을 데워야 했지. 하지만 우리는 **이 커다란 돛으로 햇볕을 담뿍 받을 수 있었단다.** 히, 그래 맞아. 태양열 집열판처럼. 덕분에 다른 동물보다 일찍 활동할 수 있어서 먹잇감도 마음껏 사냥하고 다녔지. 참말로 좋은 시절이었는데.

웬걸, 지구의 기온이 오르기 시작하는 거야!

그러니까 갑자기 다른 동물들이 활개를 치기 시작하지 뭐야. 내 돛은 이제 성가시기만 할 뿐이었어.

결국 먹이와 보금자리를 빼앗긴 우리는 멸종하고 말았지.

멸종 시기	페름기 전기
크기	전체 길이 3m
서식지	북아메리카, 유럽, 아시아
먹이	대형 동물
분류	단궁류

이럴 걸 그랬어

돛을 접었다 폈다
할 수 있었으면
좋았을 텐데 말이지.

겉모습은 공룡처럼 생겼지만 양서류와 포유류의 중간 위치인 '단궁류'에 속한 동물이다. 디메트로돈이 가장 큰 육식 동물로서 번성했던 페름기 전기는 기온이 낮았다. 디메트로돈은 아침에 등의 돛으로 햇볕을 잔뜩 받아 한층 빠르게 체온을 높일 수 있었을 것이다. 하지만 기후가 따뜻해지자 돛이 지닌 장점이 사라졌고, 디메트로돈은 서서히 멸종한 것으로 보인다.

선캄브리아기	고생대						중생대			신생대		
	캄브리아기	오르도비스기	실루리아기	데본기	석탄기	페름기	트라이아스기	쥐라기	백악기	고제3기	신제3기	제4기

아이고~! 생김새가 이 모양이라 죄송합니다. 어휴~ 몸이 어찌나 쑥쑥 자라던지. 목이 무척 길다고요? **전체 길이 35m 중에서 절반이 목 길이거든요!**

아, 역시 그래 보이죠!? **말씀하신 대로 목 관리하기가 정말 힘듭니다.** 이래 봬도 머리를 좀 써서 목뼈도 가볍게 했는데 말입니다. 좀처럼 마음 같지 않네요.

목이 부러지면 큰일이라 목과 몸을 연결하는 뼈를 튼튼하게 했더니 **움직임이 뻣뻣해졌지 뭡니까.** 내 목을 시곗바늘이라고 생각해 봅시다. 목을 꼿꼿하게 편 상태가 3시를 가리키는 것이라면 위로는 거의 2시까지밖에 못 올라갑니다.

그래서 기린과 다르게 높은 곳의 나뭇잎을 먹지 못합니다.

하지만 수평으로는 움직일 수 있습니다. 저는 두 발로 서지 않고 어깨 높이 정도의 나뭇잎만 먹으니 마음 쓰지 마시지요!

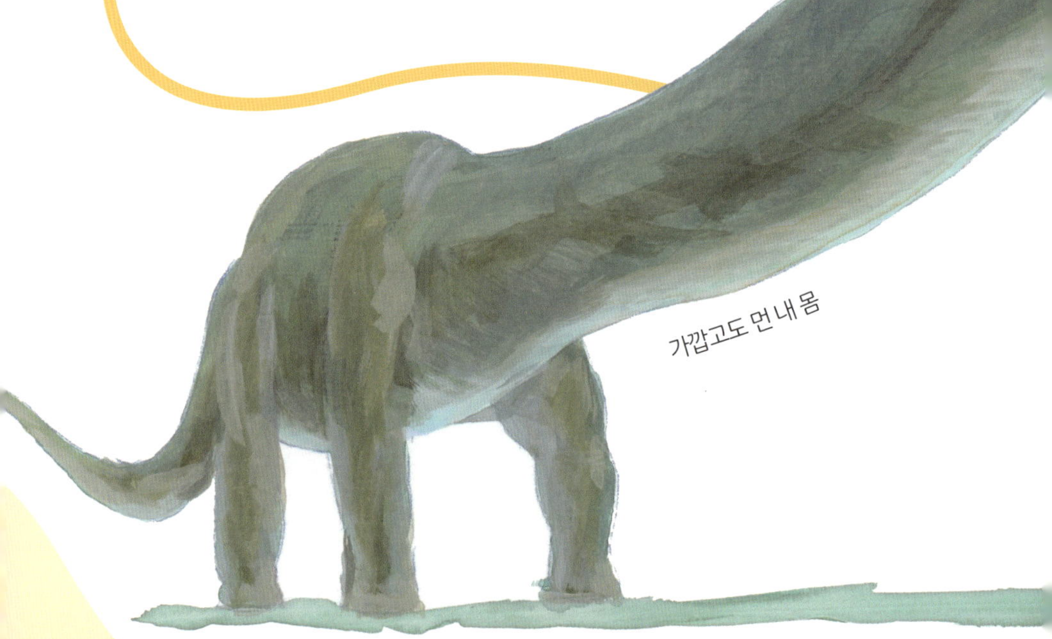

목이 너무 길어서 멸종

마멘키사우루스

멸종 시기	쥐라기 후기
크기	전체 길이 35m
서식지	중국
먹이	나뭇잎
분류	파충류

이럴 걸 그랬어

움직이기 쉽도록 목을 조금 짧게 줄였어야 했어.

공룡 중에서도 유별나게 덩치가 크고 긴 목과 꼬리를 지닌 무리를 '용각류'라고 한다. 마멘키사우루스는 그중에서 목이 가장 길기 때문에 많이 돌아다니지 않아도 널리 퍼져 있는 식물을 먹을 수 있었을 것이다. 하지만 긴 목을 지탱해 주는 뼈가 너무 단단해진 탓에 목은 상하좌우로 30˚(도)밖에 움직이지 못했을 것으로 보인다. 누가 보더라도 불편한 구조. 마멘키사우루스는 서식지를 넓히지 못하고 멸종한 듯하다.

선캄브리아기	고생대						중생대			신생대		
	캄브리아기	오르도비스기	실루리아기	데본기	석탄기	페름기	트라이아스기	쥐라기	백악기	고제3기	신제3기	제4기

쉬어 가기 ❷ 지층의 노래

화석 ✩ 케이크
라이브 공연

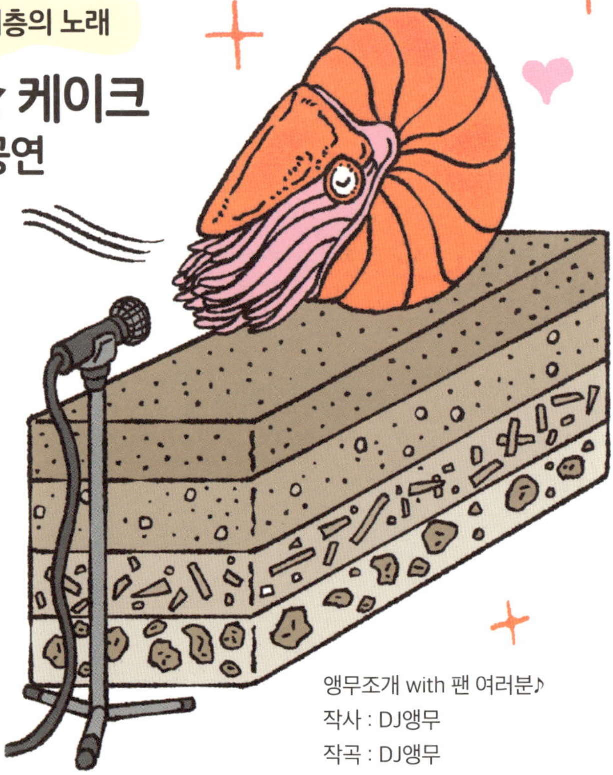

앵무조개 with 팬 여러분♪
작사 : DJ앵무
작곡 : DJ앵무

내가 뭘 알아냈게 (뭔데?)
지층은 꼭 케이크 같아♡ (왜!)

오래전부터 차례대로 (뭐가?)
흙이나 돌멩이가 차곡차곡 쌓였잖아! (와우!)

진화♡ (멸종!) 진화♡ (멸종!)
지층을 보면? (시대를 알 수 있지!)

또 하나 알아냈어 (뭔데?)
지층은 시대마다 색깔이 달라 (왜!)

시대에 따라 변하니까 (뭐가?)
흙의 성질이나 화석의 종류가 (와우!)

진화♡ (멸종!) 진화♡ (멸종!)
지층을 보면? (시대를 알 수 있지!)

있잖아 어떤 생물이든……
태어나면 죽는 게 운명이야…… (울지 마!)
지층의 일부가 될 수밖에 없지
(될 수밖에 없어, 없어! 그것이 운명!)

진화♡ (멸종!) 진화♡ (멸종!)
지층을 보면? (시대를 알 수 있지!)

3

솜씨가 영 꽝이라서 멸종

숨도 쉬고, 밥도 먹고, 잠도 자고.
이렇게 열심히 살아가는데,
솜씨가 좀 없으면 어때요.
멸종할지도 모르지만 말입니다.

제대로 날지 못해서 멸종

오케이! 한 번만 더 해 보자! 다음번에는 날 수 있어, 아니, 날아 보이겠어. 뭔가 요령을 터득한 느낌이거든.

하하, 나도 다 알아……. **사실 내가 새의 조상이 아니란 것쯤은.** 지금의 새는 조상이 따로 있고, 나는 자손을 남기지 못했지……. 맞잖아? 그렇게 슬픈 표정 짓지 마, 자, 웃어, 웃어야지!

한 장
아르카이옵테릭스
다섯 장
네 장
세 장
우다다다다다

확실히 나는 근육이 부족해. 하지만 이걸 봐, **내게도 날개가 있어. 무려 다섯 장이나!** 날아오르기는 서툴러도 높은 곳에서 뛰어내리기는 자신 있다니까. 게다가 뼈가 비어 있어서 몸도 가볍고. 어때? 성공할 것 같지? 좋았어, 기운이 솟는걸! 이야기를 들어 줘서 고마워. 이제 중력 따윈 마음 쓰지 않겠어.

으라차차! 에구구, 이게 아닌데.

두 장
새인데
이빨이 빽빽하다.

이럴 걸 그랬어
힘껏 퍼덕일 수 있는
날개와 근육이
있었다면
최고였겠지.

멸종 시기	쥐라기 후기
크기	전체 길이 50cm
서식지	독일
먹이	곤충
분류	조류

새처럼 날개가 있지만, 새에게는 없는 '앞발톱', '꼬리', '이빨'을 지닌 아르카이옵테릭스는 공룡에서 새로 진화하는 중간 단계의 모습을 하고 있었다. 날개를 퍼덕여서 날지는 못해도 날다람쥐처럼 날개를 펼쳐 활강할 수는 있었던 모양이다. 다만 현존하는 조류의 직접적인 조상은 아니다. 현존하는 새의 조상인 '진짜 새' 오르니투로모르파가 등장하자, 아르카이옵테릭스는 보금자리와 먹이를 빼앗겨 멸종했을 것으로 보인다.

선캄브리아기	고생대						중생대			신생대		
	캄브리아기	오르도비스기	실루리아기	데본기	석탄기	페름기	트라이아스기	쥐라기	백악기	고제3기	신제3기	제4기

근육이 빵빵해서 멸종

쉬잇, 조용히 해! 모처럼 먹잇감이 근처까지 왔는데 놓쳐 버렸잖아!

확실히 내가 좀 우락부락한 편이기는 해. 엄니도 길어서 예전에는 큰소리깨나 치던 시절도 있었지.

하지만 '지나침은 모자람만 못하

뻔히 보이는데
움직일 수가 없어.

스밀로돈

다.'라는 말이 있잖아……. **빨리 달리질 못해. 근육이 거추장스러워서.**

반대로 꼬리는 또 너무 짧아. 그래서 균형을 못 잡아. 잽싸게 움직이는 재주가 영 꽝이라니까. 뭐든 적당히가 참 어려워.
매머드나 메가테리움같이 커다랗고 둔한 동물이 살던 시절로 돌아가고 싶다~. **지금은 재빠른 동물을 상대해야 해서 너무 벅차.**

그래서 이렇게 먹잇감이 다니는 길목에 꼼짝 않고 숨어서 먹잇감을 기다리고 있었는데……. 제발 방해하지 말아 줘!

엄청나게 빠른 가지뿔영양

이럴 걸 그랬어

치타처럼 몸이 유연했으면 얼마나 좋았을까!

멸종 시기	제4기(홀로세)
크기	몸길이 1.2m
서식지	북아메리카, 남아메리카
먹이	대형 포유류
분류	포유류

스밀로돈은 매머드처럼 움직임이 느린 대형 포유류를 노려 앞발로 제압한 뒤 커다란 엄니로 물어뜯는 방식으로 사냥을 했다. 스밀로돈은 다리와 꼬리가 짧고 목 주변의 근육이 다부지게 발달한 체형이었다. 고양잇과 동물이지만 점프나 나무 타기에는 서툴렀던 모양이다. 그래서 대형 포유류가 멸종하자, 스밀로돈은 재빠른 먹잇감을 사냥하지 못해 멸종한 것으로 보인다.

에이요, 브라더.
음! 음!

너희들에게 빼앗긴 인류의 왕좌. 잊을 수 없지 5만 년 전.
너와 나의 만남, 하지만 너와 나는 그야말로 남남.

우락부락한 나와 비실비실한 너.
누가 더 강한지는 딱 보면 인정.
당연히 내가 이기지 완전. 그럴 줄 알았는데 역전.
우르르 몰려오면 별 수 없지 패전.

하지 않았지 예상. 하지 못했지 상상.
너희들이 믿은 건 신. 우리들이 믿은 건 고기.
세상의 모든 고기는 내 거지. 그걸 빼앗아 가는 녀석은 상거지.
힘을 합쳐 살아간다는 생각은 하지 못했지. 예~

무리 짓지 않았던 우리. 부족했던 건 믿음.
신, 친구, 가족, 모두들 미안해.
잊어서는 안 될 감사의 인사.
지금은 믿지 **러브 앤 피스. 예~**

네안데르탈인

상상력이 부족해서 멸종

고기
신
호모 사피엔스

멸종 시기	제4기(플라이스토세 후기)
크기	키 1.6m
서식지	유럽
먹이	매머드와 사슴
분류	포유류

이럴 걸 그랬어
인류는 모두 브라더라는 정신. 그게 바로 너희가 이긴 이유, 예~!

네안데르탈인은 우리(호모 사피엔스)와 생물학적으로 대단히 가깝다. 게다가 호모 사피엔스보다도 근육질이었으므로 힘이 세고 뇌의 크기도 컸다. 그런데도 멸종하고 만 이유는 상상력이 부족했기 때문이라는 설이 있다. 다 함께 하나의 신을 상상하며 끈끈하게 뭉칠 수 있었던 호모 사피엔스와 달리, 가족 단위의 작은 집단만을 이루었던 네안데르탈인은 호모 사피엔스에게 수적으로 밀리고 말았다나.

선캄브리아기	고생대						중생대			신생대		
	캄브리아기	오르도비스기	실루리아기	데본기	석탄기	페름기	트라이아스기	쥐라기	백악기	고제3기	신제3기	제4기

고래의 반격으로 멸종

비켜, 비켜, 범고래가 떴다고, 범고래, 이거 큰일이야, 큰일 났어!

안 돼, 안 돼, 못 이겨, 범고래한테는 못 이긴다니까, 저 녀석들, 무진장 강한 데다 엄~청 빠르단 말이야! 나는 덩치만 크지 느려서 안 돼!

바다가 따뜻했을 때는 좋았지. 난 고래만 먹고 살았는걸. **예전의 고래는 덩치도 별로 크지 않은 데다 헤엄도 느려서 고래 사냥은 식은 죽 먹기였는데. 완전히 고래 뷔페였다니까.**

그런데 바다가 점점 차가워지기 시작했어. 나는 너무 추워서 몸 하나 제대로 움직이기 힘든데, **고래 녀석들은 반대로 빠르게 움직이는 쪽으로 진화했지.**

고래를 못 먹게 된 것도 억울한데 급기야 범고래같이 빠르고 강한 괴물까지 나타나 나를 공격하기 시작했다니까. **진화란 정말로 무자비하지?**

빠를 것 같지만 사실은 느리다.
이빨만 해도 17cm

멸종 시기	신제3기(플라이오세 중기)
크기	전체 길이 12m
서식지	열대~온대의 바다
먹이	고래
분류	연골어류* (*연골어류 : 골격이 뼈가 아닌 연골로 이루어진 어류)

이럴 걸 그랬어

고래처럼 체온을 유지할 수 있었다면 나도 빠르게 헤엄쳤을 텐데.

식인 상어 '죠스'로 알려진 백상아리에 비해 길이는 3배, 체중은 27배나 되는 거대한 상어가 바로 메갈로돈이다. 메갈로돈은 몸길이 4m 정도의 고래를 잡아먹었지만 바닷물의 온도가 낮아지자 상황이 돌변했다. 고래는 수온과 상관없이 움직일 수 있지만, 상어는 움직임이 느려지고 말았다. 심지어 진화하여 속도까지 빨라진 고래는 더 이상 메갈로돈이 감당해 낼 상대가 아니었던 모양이다.

선캄브리아기	고생대						중생대			신생대		
	캄브리아기	오르도비스기	실루리아기	데본기	석탄기	페름기	트라이아스기	쥐라기	백악기	고제3기	신제3기	제4기

이빨이 약해서 멸종

아노말로카리스
딱딱해.
생김새는 이래도 입은 연약하다고♡

이런~, 한심한 것! 이것도 딱딱한 삼엽충이 아니더냐! 이런 걸 나보고 먹으란 말이냐!

너, 내가 누구인 줄 아느냐? **이 몸은 바로 캄브리아기의 제왕 아노말로카리스 님이시다!** 기껏해야 10cm 이하의 조무래기들뿐이었던 시대에 1m나 되는 동물은 이 몸 정도였느니라.

게다가 나는 눈이 엄청나게 좋지. 눈알의 방향을 자유자재로 바꿀 수도 있느니라. 예전에는 이 눈으로 부드럽고 맛나 보이는 삼엽충을 찾아내 잡아먹고는 했지.

그런데 이 녀석들이 진화하면서 껍데기가 점점 딱딱해지더란 말이야. 심지어 가시까지 세워서 몸을 지키다니, 고얀 놈들……!

나는 이빨이 약해서 먹을 수가 없단 말이다! 여봐라~, 어서 껍데기를 벗긴 삼엽충을 대령하지 못하겠느냐~!(나 누구한테 말하는 거니?) 여봐라~, 누구 없느냐?

멸종 시기	캄브리아기 중기
크기	전체 길이 1m
서식지	북아메리카, 중국
먹이	삼엽충 등
분류	아노말로카리스류

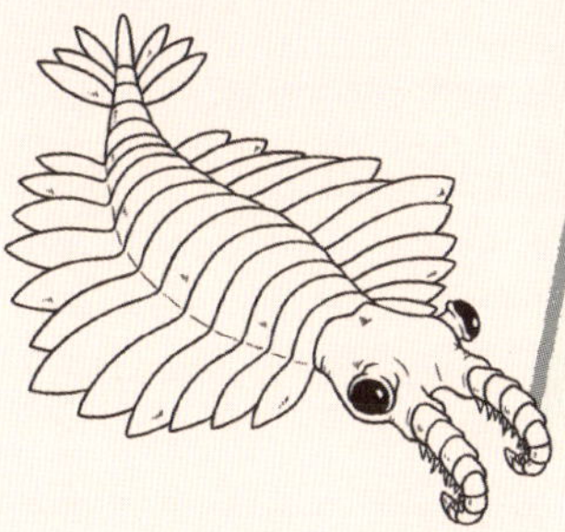

이럴 걸 그랬어

껍데기를 부술 정도로 강력한 이빨을 손에 넣었어야 했느니라.

아노말로카리스는 캄브리아기의 바다에서 가장 큰 동물로 군림하고 있었다. 당시로서는 대단히 발달한 눈과 지느러미를 지녔고, 다리는 없었지만 머리 앞에 달린 두 개의 굵은 촉수로 먹이를 낚아채 동그란 입으로 가져가서 먹었을 것으로 보인다. 하지만 지나치게 딱딱한 먹이는 먹지 못했던 것 같다. 단단한 동물이 점차 늘어나기 시작한 탓에 멸종하고 만 듯하다.

선캄브리아기	고생대						중생대			신생대		
	캄브리아기	오르도비스기	실루리아기	데본기	석탄기	페름기	트라이아스기	쥐라기	백악기	고제3기	신제3기	제4기

너무 많이 먹어서 멸종

파라케라테리움

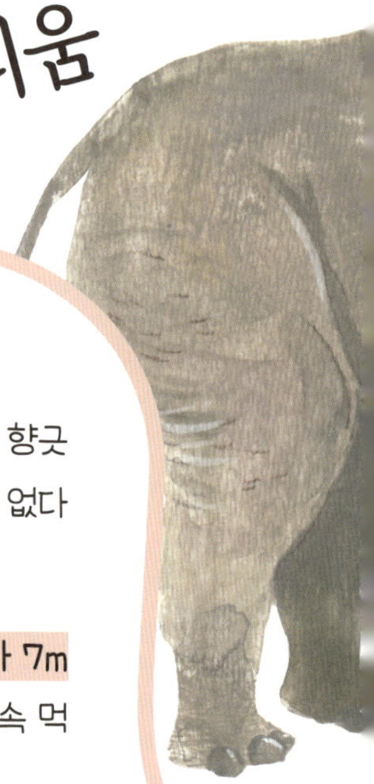

맛있어! 너어어어어어무 맛있어! 이 이파리…… 너무 향긋하잖아! 먹는 걸 멈출 수가 없어. 식욕을 자제할 수 없다고~!

아이고, 실례. 보다시피 **저는 지면에서 정수리까지의 높이가 7m나 된답니다.** 그래서 살아가려면 하루에 20시간 정도는 계속 먹어야 하지요. 꺼억! 이거 실례.

그러고 보니 실수로 늪에 빠졌다가 몸이 너무 무거운 탓에 끝내 일어나지 못하고 가라앉아 버린 친구가 생각나네요. 안타까운 일이었지요.

그런데 지구가 점점 추워지고 공기가 건조해지자, 끄윽! 이거 실례, 숲의 나무가 시들어 초원으로 변하고 말았답니다.

바닥에 돋아난 풀을 뜯어 먹자고 목을 위아래로 움직이려니 너무 힘들고…… 쩝쩝쩝쩝……. 게다가 양도 턱없이 부족해서 결국 그대로, 딸꾹! 이거 실례, 굶어 죽게 됐답니다. 쩝쩝.

우적 우적 우적 우적 우적 우적
식욕은 코끼리의 10배
코뿔소쯤은 어린애 수준

멸종 시기	고제3기(올리고세 후기)
크기	어깨까지의 높이 5.5m
서식지	유라시아 대륙
먹이	나뭇잎과 나뭇가지
분류	포유류

이럴 걸 그랬어

풀도 먹을 수 있는
몸이었다면
얼마나 좋았을까요.
쩝쩝쩝쩝쩝쩝….

파라케라테리움은 사상 최대의 육상 포유류다. 코뿔소와 가까운 동물이지만 체중은 검은코뿔소의 20배(20t)나 되었다. 코뿔소와 달리 뿔은 없었지만, 수컷은 긴 목을 휘두르는 박치기 공격이 특기였던 모양이다. 큰 키를 이용해 높은 곳의 나뭇잎을 독차지했지만 기후가 건조해져서 나무가 줄어들자 충분한 먹이를 구할 수 없게 되어 멸종한 것으로 보인다.

선캄브리아기	고생대						중생대			신생대		
	캄브리아기	오르도비스기	실루리아기	데본기	석탄기	페름기	트라이아스기	쥐라기	백악기	고제3기	신제3기	제4기

산소가 부족해서 멸종

그대는 '성자필쇠'라는 말을 알고 있는가? **아무리 강한 자라도 언젠가는 반드시 힘을 잃게 된다는 뜻이라네.**

3억 5000만 년 전에는 바다의 제왕이었던 나도 마찬가지일세. **내 몸은 판자처럼 딱딱한 뼈로 뒤덮여 있어서 마치 갑옷을 입은 듯했지.**

몸길이도 대략 10m 정도로 대단히 거대했고, 깨무는 힘은 티라노사우루스보다 강하다네. 그야말로 상대할 적이 없었지.

그런 내가 **1mm(밀리미터)도 안 되는 식물성 플랑크톤*에게 멸종당할 줄이야.** 짓궂은 운명의 장난이지.

당시, 지상에는 거대한 식물이 등장했다네. 그 식물이 죽어서 바다로 떠내려오자 식물성 플랑크톤이 그것을 영양분 삼아 엄청나게 불어났지.

식물성 플랑크톤이 햇빛을 차단해서 광합성이 일어나지 못했어. **그래서 산소가 부족해졌고 나와 내 친구들이 모조리 질식하고 말았다네.**

(*식물성 플랑크톤 : 물속을 떠돌며 식물처럼 햇빛을 받아 에너지를 만들어 내는 생물)

둔클레오스테우스

최강의 갑옷을 입고 있다.
깨무는 힘이 장난이 아냐!

멸종 시기	데본기 후기
크기	전체 길이 10m
서식지	북아메리카, 아프리카
먹이	물고기
분류	판피류*

이럴 걸 그랬어

이 또한 그 시대에
태어난 숙명이니
어쩔 수 없지.

(*판피류 : 몸이 껍데기로 덮여 있고 턱뼈를 가진 최초의 척추동물)

둔클레오스테우스가 번성했던 데본기는 지상에 처음으로 나무가 등장한 시대다. 하지만 아직 식물을 분해하는 버섯이나 흰개미는 진화하지 않았다. 죽은 식물이 강을 따라 대량으로 바다에 흘러들자 플랑크톤이 그 영양분을 흡수하면서 엄청나게 늘어났다. 결국 플랑크톤이 바닷속의 산소를 모조리 빨아들였고, 둔클레오스테우스를 비롯한 바다 생물 중 80% 이상의 종이 산소가 부족해서 멸종했다.

선캄브리아기	고생대						중생대			신생대		
	캄브리아기	오르도비스기	실루리아기	데본기	석탄기	페름기	트라이아스기	쥐라기	백악기	고제3기	신제3기	제4기

더 이상 바람이 불지 않아서 멸종

아, 무정한 바람

아르겐타비스

내 소원을 들어줘, 루루루루루……. 바람아, 바람아, 돌아와 다오……. 바람 님, 부디 불어와 주세요. **벌써 세 시간 넘게 이 자세로 기다리고 있답니다.** 슬슬 날개가 뻐근하네요. **이대로라면 적에게 공격받기 딱 좋습니다. 춥기도 하고요.**

내 소원을 들어줘, 루루루루루……. 바람아, 바람아, 돌아와 다오……. 바람 님, 어째서 불어오지 않는 건가요. 저는 당신 없이는 날지 못합니다. **몸무게가 80kg이나 되거든요.** 하늘에 떠서 땅을 내려다보며 동물의 시체를 찾아내 먹어야 하는데, 당신이 없으면 난 먹을 수 없습니다.

내 소원을 들어줘, 루루루루루……. 바람아, 바람아, 돌아와 다오……. 아, 바람 님, 당신은 사라지고 말았군요. **지구가 추워졌기 때문이겠지요.**

더웠던 그 옛날에는 안데스산맥을 향해 언제나 힘찬 바람이 불어오고는 했는데…….

멸종 시기	신제3기(마이오세 후기)
크기	몸길이 3m
서식지	남아메리카
먹이	포유류의 시체
분류	조류

이럴 걸 그랬어

몸무게가 조금만 더 가벼웠다면 스스로의 힘으로 날 수 있었겠지요.

아르겐타비스는 날 수 있는 새 중에서 가장 거대했다. 날개를 펼치면 7.2m, 몸무게는 80kg이나 되었다. 다만 새는 몸무게가 16kg이 넘으면 스스로의 힘만으로는 날기 어렵다. 그렇다면 아르겐타비스는 어떻게 날았을까? 따뜻한 지면에서 하늘로 향하는 '상승 기류'를 이용한 것으로 보인다. 하지만 기후가 변해 추워지면서 상승 기류가 약해지자, 하늘을 날지 못해 멸종하고 만 듯하다.

우물쭈물하다가 멸종

우아~, 어떡하지? 고민되네. 육지에 남을까? 아니면 바닷속으로 들어갈까?

나는 얼굴은 늑대를 닮았지만, **소처럼 발굽이 있어서 달리기를 아주 잘해.** 우리 동네에서는 아무도 나를 따라잡을 수 없을걸.

게다가 귀뼈가 두꺼워서 **물속에서도 소리를 잘 듣기 때문에 물고기도 잘 잡지.** 우리 동네 낚시왕!

그러니 내가 살 곳은 땅이든 물이든 다 좋다 이 말이야~. 하지만 수영에는 썩 재주가 없으니 역시 육지에 남아야 하나?

이렇게 고민하는 사이에 **내 자손 중 일부는 바다로 나가서 고래로 진화한 모양이야.** 내 귀여운 생김새를 하나도 안 닮았어. 진화라는 건 참 무섭다니까.

육지에 남았던 자손들은 경쟁자가 너무 많아서 멸종했어. 역시 고민하지 말고 바다로 나갈 걸 그랬나? 어떻게 생각해?

땅이냐 바다냐, 그것이 문제로다.
자손은 고래

파키케투스

이럴 걸 그랬어
때로는 살아갈 장소를 과감하게 바꿀 필요도 있지 않을까~.

멸종 시기	고제3기(에오세 초기)
크기	몸길이 1.5m
서식지	파키스탄
먹이	물고기와 소형 포유류
분류	포유류

겉모습에서는 상상하기 어렵지만 파키케투스의 자손은 고래다. 본래 파키케투스는 육지와 물속을 오가며 물고기 따위를 먹고 살았다. 그런 파키케투스 중에서 한층 더 수중 생활에 적응한 무리가 나타났고, 이후 고래로 진화한 것이다. 한편 육지에 남은 파키케투스의 자손은 육지, 바다, 어느 쪽에도 특화되지 못한 채 어영부영하다 경쟁자가 출현하자 멸종하고 만 듯하다.

선캄브리아기	고생대						중생대			신생대		
	캄브리아기	오르도비스기	실루리아기	데본기	석탄기	페름기	트라이아스기	쥐라기	백악기	**고제3기**	신제3기	제4기

고래가 남극에 나타나서 멸종

대략 3300만 년 전 일이에요. 그때 저는 남극 대륙에서 살고 있었어요.

말이 남극이지 지금보다 따뜻하고 천적도 없었기 때문에 **저는 물고기를 배불리 먹으며 몸집을 쑥쑥 키워 나갔죠.**

그러던 어느 날, 평소처럼 바다를 헤엄치고 있으려니 **그전까지 없었던 크고 검은 바위가 멀리서 희미~하게 보였어요.** 와~ 별일이네~ 신기하다~ 하고 있으려니 그 바위가 점점 가까이 다가오지 뭐예요.

'앗, 이거 큰일이다!' 싶었던 바로 그때, **바위가 한가운데부터 위아래로 쩍 갈라지더니 눈앞에 있는 물고기를 통째로 꿀꺽 삼켜 버린 거예요.**

너무 무서웠던 저는 그날 집에 어떻게 돌아왔는지 기억이 나질 않아요. 그 이후로 부쩍 먹이가 줄어들었어요. **그때부터 고래가 남극에 나타나기 시작했다**는 걸 뒤늦게 알게 됐죠.

고래와의 첫 만남

자이언트펭귄

멸종 시기	고제3기(올리고세 전기)
크기	정수리까지의 높이 1.4~1.8m
서식지	남극 대륙 주변
먹이	물고기와 크릴
분류	조류

이럴 걸 그랬어

먹이가 줄어든 뒤로 살아남으려면 작은 몸이 더 유리해요.

백악기 후기, 바다를 지배하던 수장룡들이 멸종했다. 수장룡이 사라진 바다로 한발 먼저 진출한 동물은 바로 펭귄의 조상이었다. 바다에 알맞은 몸으로 진화하는 사이에 날개가 짧고 두툼해져서 날지 못하게 되었고, 몸집이 커진 펭귄도 등장했다. 하지만 뒤늦게 진화한 고래가 남극 주변까지 찾아오자 거대해진 펭귄들은 먹이를 빼앗겨 멸종하고 만 듯하다.

선캄브리아기	고생대						중생대			신생대		
	캄브리아기	오르도비스기	실루리아기	데본기	석탄기	페름기	트라이아스기	쥐라기	백악기	고제3기	신제3기	제4기

풀을 먹었더니 멸종

여기도……

훗 훗……. 이제 와서 무슨 말이 필요하겠어. **'완패'. 내가 멸종한 이유는 이 두 글자면 충분해.**

본래 내 조상은 숲에서 나뭇잎을 먹으며 살았다고 해. 그런데 기후가 건조해진 탓에 숲이 점점 줄어들자 **할 수 없이 초원으로 나와야만 했지.** 그러다 질긴 풀을 먹을 수 있는 내가 태어났어.

경쟁자는 차고 넘쳤지. 어쩌겠어, 싸울 수밖에 없었어.

자신감? 그런 건 필요 없어. 눈앞에 먹이가 보이거든 먹어라! 살아남기 위해서는 그런 마음가짐만 있으면 돼.

하지만…… 신출내기인 내가 덤벼들 만큼 초원은 만만한 곳이 아니었어. 타팬(초원에 살던 발이 빠른 작은 야생마), 얼룩말, 물소, 게다가 임팔라까지……. **녀석들은 풀 뜯기 달인이었어.**

모조리 사라져 가는 풀을 바라보며 나는 이따금 **'아, 나뭇잎이 그립다.'라고 생각했지.**

시바테리움

음~, 경쟁자가 너무 많잖아.
여기도……
이럴 걸 그랬어
숲이 줄어들었어도 끝까지 나뭇잎을 먹고 살았어야 했어.

멸종 시기	제4기(플라이스토세 후기)
크기	어깨까지의 높이 2m
서식지	아프리카, 유라시아 대륙
먹이	풀
분류	포유류

시바테리움은 소나 염소, 말처럼 보이지만 사실은 기린의 친척이다. 기후가 변해서 숲이 점차 초원으로 변해 갔다. 원래는 기린처럼 숲에서 나뭇잎을 먹고 살았던 시바테리움은 하는 수 없이 초원으로 진출했다. 시바테리움은 질긴 풀을 먹을 수 있도록 이빨이 두툼하게 진화했다. 하지만 초원에는 말이나 소, 임팔라처럼 풀을 먹는 경쟁자가 많았으므로 생존 경쟁에서 패배하여 멸종하고 만 것으로 보인다.

선캄브리아기	고생대						중생대			신생대		
	캄브리아기	오르도비스기	실루리아기	데본기	석탄기	페름기	트라이아스기	쥐라기	백악기	고제3기	신제3기	제4기

강이 바짝 말라서 멸종

마스토돈사우루스

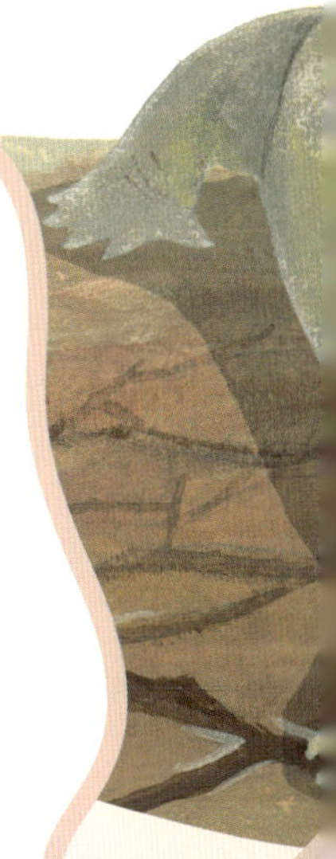

저기, 다리 하나쯤은 괜찮잖아? 조금만 먹게 해 주라~. 며칠을 굶었단 말이야. 자비를 베풀어 주어도 괜찮잖아.

어차피 나는 물가를 떠나서 살아갈 수 없다고. 머리만 엄청나게 커져서 육지를 돌아다니기 힘들어.

게다가 아래 송곳니가 위턱을 뚫고 나와 버렸어. 나 참~, 코털이 아니라고 몇 번을 말해야 알겠어.

나도 말이지, 처음 등장했을 때는 "엄청나게 커다란 양서류가 나타났다."며 소문이 자자했어.

그런데 이게 뭐야, **악어 녀석이 등장하자마자 바로 찬밥 신세가 됐다니까.** 악어 녀석, 건조한 환경에 좀 강하답시고 잘난 체하기는, 쳇!

아~, 왜 내가 살던 강은 말라 버렸을까. **조금만 더 건조한 환경에 강했다면 나도 살아남을 수 있었을 텐데…….**

야, 물 가져와, 물! 이러다 바짝 마르겠어!

물이 그리워~.
어째서인지 위턱을 뚫고 나온 엄니

멸종 시기	트라이아스기 후기
크기	전체 길이 6m
서식지	전 세계의 강
먹이	물고기
분류	양서류

이럴 걸 그랬어

악어처럼 건조한 환경에서도 버틸 수 있는 강한 피부를 갖고 싶었는데.

넓적한 몸에 커다란 머리를 지닌 마스토돈사우루스는 연못이나 강에서 살았던 사상 최대의 양서류다. 머리 크기만 최대 1.4m로, 전체 길이의 4분의 1에 달한다. 새끼일 때는 물속에서 아가미 호흡을, 성체가 되면 육지에서 폐 호흡을 했지만 건조한 환경에 약해서 물가를 벗어나지 못했다. 건기에 물이 줄어들면 작은 물웅덩이에 떼로 모여들었다가 실타래처럼 뒤엉켜서 전멸한 일도 벌어졌던 모양이다.

선캄브리아기	고생대						중생대			신생대		
	캄브리아기	오르도비스기	실루리아기	데본기	석탄기	페름기	트라이아스기	쥐라기	백악기	고제3기	신제3기	제4기

무턱대고 물으로 올라와서 멸종

익티오스테가

이봐, 너! 여기 좀 앉아 봐, 여기. 내 이야기 좀 들어 봐. **내가 얼마 전에 강에서 뭍으로 올라왔는데 말이지, 고생길만 훤하더라고.** 뭍으로 올라오면 먹이도 바글바글할 줄 알았더니만 쪼그만 벌레밖에 없지 뭐야! 김이 팍 샜다니까.

아, 내 가슴 좀 만져 봐. 살짝, 아주 살짝이다?

울퉁불퉁하지? 이게 다 갈비뼈야. 엄청 굵지. 물속과는 다르게 육지에서는 몸을 지탱하기도 보통 일이 아니잖아? 그래서 뼈와 뼈가 겹쳐질 만큼 굵고 단단하게 만들었어.

그랬더니 몸이 좌우로 꺾이질 않아서 제대로 헤엄을 못 치게 됐지, 껄껄껄!(웃고 있어도 웃는 게 아니야. 내 마음 알겠지?)

그렇다고 육지를 돌아다니자니 또 너무 느리고. 몸이 무거워서 말이야. 쪼끄만 벌레는 잡아먹어 봐야 간에 기별도 안 가고.

아~! 난 도대체 뭐 하러 뭍으로 올라왔을까…….

쓸데없이 몸이 튼튼해!
일단 나오긴 했는데. 괜히 나왔어.

멸종 시기	데본기 후기
크기	전체 길이 1m
서식지	그린란드
먹이	물고기
분류	양서류

이럴 걸 그랬어

하다못해 커다란 벌레가 나타난 다음에 뭍으로 올라왔어야 했어.

익티오스테가는 가장 먼저 육지를 걸었던 척추동물(등뼈를 지닌 동물)이라고 한다. 발처럼 두툼한 지느러미와 공기를 들이마실 수 있는 폐를 지닌 '육기어류' 물고기에서 진화했다. 하지만 익티오스테가는 덩치가 크고 갈비뼈가 지나치게 튼튼해진 탓에 육지에서도 물속에서도 움직임이 둔했다. 게다가 익티오스테가가 살았던 데본기는 육지에 먹이가 충분하지 않았으므로 상륙은 실패로 끝난 듯하다.

선캄브리아기	고생대						중생대			신생대		
	캄브리아기	오르도비스기	실루리아기	데본기	석탄기	페름기	트라이아스기	쥐라기	백악기	고제3기	신제3기	제4기

쉬어 가기 ❸ 운석의 노래

노래 : 티라노사우루스
작사 : MC the REX
작곡 : BADWINGS

♪ 우주 저편에서 날아왔다!
6600만 년 전에 날아왔다!
시속 70만km로 충돌한
지름 10km의 커다란 그 녀석

그 이름은 운석! 엄청난 충격!
지구에 떨어진 운석의 충격!
아무도 피할 수 없는 멸망의 운명

주변이 온통 산산조각
모든 것이 순식간에 증발
300m의 해일을 일으키고
지름 150km의 구멍을 남긴 그 녀석

그 이름은 운석! 격렬한 충격!
거짓말 같으면 가 보라고
멕시코에 뚫린 구덩이
칙술루브 크레이터

우리 공룡은 모두 멸종
조심하라고 녀석들이 찾아오니까
6000만 년에 한 번씩 찾아오니까
그 운명에 가슴 졸이며 굿 나이트(땡큐!)

4

운이 나빠서 멸종

지금 지구상의 생물은
우연찮게 지금까지 살아남았습니다.
반대로 말하자면 멸종한 생물은
우연찮게 멸종했을 뿐입니다.

운석이 떨어져서 멸종

티라노사우루스

말도 안 돼. 운석이 떨어지다니, 진짜로 말도 안 돼. **지름 10km라니(허 참).** 지구와 충돌했을 때, **높이가 300m나 되는 해일이 밀려왔다니까.** 그때는 아무리 나라도 기겁했지. 지구가 휩쓸려 사라지는 줄 알았다니까.

하지만 나는 물 따위에 지지 않아. 문제는 그다음이었어. 운석이 떨어진 탓에 어마어마한 양의 모래가 하늘로 피어올라 지구를 싹 뒤덮어 버렸지.

그래서 지구는 엄청나게 추워졌어. 추위 때문에 식물이 자라지 못하자 식물을 먹고 살던 초식 공룡들이 죽어 갔지. **다 죽으면 어떡하냐고! 물론 살아남았으면 내가 잡아먹었겠지만!** 뭐, 한동안 그 녀석들의 시체를 먹고 살았지만 그게 얼마나 가겠어.

결국 시체까지 금세 동이 났고, **배도 고픈데 춥기까지 하니까 남은 건 멸종이지 뭐.**

앞발에는 앙증맞은 발가락이 2개
이럴 걸 그랬어
곰처럼 겨울잠을 자는 것도 한 방법이었는데.

멸종 시기	백악기 후기
크기	전체 길이 12m
서식지	북아메리카
먹이	중형~대형 공룡
분류	파충류

티라노사우루스는 백악기 후기에 나타난 최대급의 육식 공룡이다. 불완전하지만 포유류처럼 체온을 일정하게 유지할 수 있었기에 시속 30km 정도로 달릴 수 있었다. 다만 체온을 유지하려면 많은 영양분이 필요했다. 따라서 6600만 년 전, 지구에 운석이 떨어진 이후로 벌어진 식량 부족 현상을 극복하지 못하고 티라노사우루스는 다른 공룡들과 함께 멸종하고 말았다. 참고로 이때 지구상의 생물 중 70%의 종이 멸종했다.

선캄브리아기	고생대						중생대			신생대		
	캄브리아기	오르도비스기	실루리아기	데본기	석탄기	페름기	트라이아스기	쥐라기	백악기	고제3기	신제3기	제4기

섬이 가라앉아서 멸종

큰바다쇠오리
절체절명의 위기!

아 아, 바닷물이 밀려옵니다. 아무래도 여기까지인 모양입니다……. **저는 새지만 날지 못하거든요.**

펭귄은 아니에요. 겉모습도 그렇고 바다로 잠수한다는 점까지 펭귄이랑 똑같지만 전혀 다른 새랍니다.

원래 저는 따뜻한 곳에서 살고 있었지만 사냥꾼들을 피해 계속해서 북쪽으로 도망쳤어요. **그러다 마지막으로 도착한 곳이 바로 아이슬란드 근처의 이 섬이었죠.** 친구들의 수는 줄었지만 얼마 동안은 평화롭게 지냈답니다.

그런데 가까운 곳에서 해저 화산이 느닷없이 폭발했어요. 화산 폭발 때문에 엄청난 지진이 일어나 **우리가 살던 섬이 바다에 가라앉고 말았죠.**

어쩜…… 조금만 더 오래 살아남았다면 펭귄처럼 인기 스타가 됐을지도 모르는데……. 정말 안타깝네요.

멸종 시기	1844년
크기	전체 길이 80cm
서식지	북대서양 연안
먹이	물고기
분류	조류

이럴 걸 그랬어

펭귄처럼 처음부터 사람이 적은 곳에서 살았어야 했어요.

바다로 잠수해서 물고기를 사냥했던 날지 못하는 새. 육지에서는 움직임이 둔했기 때문에 사람에게는 손쉬운 사냥감이었다. 결국 북쪽 바다로 조금씩 쫓겨나고 말았다. 그런데 마지막으로 도착한 아이슬란드의 가이르풀라스케어섬이 해저 화산의 폭발로 바다에 잠기고 말았다. 50마리 정도가 간신히 도망쳐 살아남았지만, 각지의 박물관이 표본을 손에 넣기 위해 모조리 사냥했다.

선캄브리아기	고생대						중생대			신생대		
	캄브리아기	오르도비스기	실루리아기	데본기	석탄기	페름기	트라이아스기	쥐라기	백악기	고제3기	신제3기	제4기

강물이 탁해져서 멸종

양쯔강돌고래

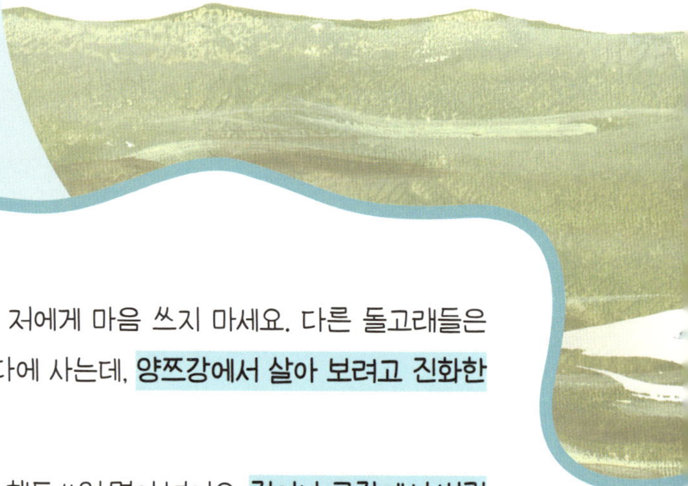

됐어요. 이제 저에게 마음 쓰지 마세요. 다른 돌고래들은 대체로 바다에 사는데, **양쯔강에서 살아 보려고 진화한 제가 바보였죠.**

주변에 사는 사람만 해도 4억 명이 넘어요. **집이나 공장에서 버린 물이 강으로 흘러들면 당연히 강이 더러워질 수밖에요.**

사람들이 강에 사는 물고기를 몽땅 잡아가는 것도 마음 쓰지 마세요. 그들도 먹고 살자고 하는 일이니. **뭐, 덕분에 제 먹잇감이 없어졌지만요.**

그리고 수력 발전을 위한 댐이 지어져서 친구들과 연락이 끊기고, 숲의 나무가 베여 나가서 흙더미가 강으로 떠내려왔지만, 아무렴 어때요. 어차피 멸종했는데요.

아, **2000만 년이나 이 강에서 살아왔는데, 그게 실수였나 봐요.**

멸종 시기	21세기*
크기	몸길이 2.5m
서식지	중국 양쯔강
먹이	물고기와 새우 등
분류	포유류

(*멸종 선언이 된 후, 2016년에 살아 있는 흔적이 발견되었다. 아직 멸종 여부가 확인되지 않은 셈이다.)

돌고래의 서식지는 대개 바다지만, 양쯔강돌고래는 '양쯔강'이라는 중국 최대의 강에서 살고 있었다. 물이 흐린 양쯔강에 살아 눈이 작게 퇴화했다. 양쯔강돌고래는 눈 대신 '에코로케이션'에 전적으로 의존했던 모양이다. 에코로케이션은 초음파를 이용해 사물의 거리나 방향, 크기 등을 알아내는 능력이다. 또 유연한 목과 커다란 가슴지느러미 등이 강바닥의 장애물을 피하는 데 알맞은 형태로 진화했지만, 사람의 지속적인 환경 파괴 때문에 멸종되었을 가능성이 크다.

선캄브리아기	고생대						중생대			신생대		
	캄브리아기	오르도비스기	실루리아기	데본기	석탄기	페름기	트라이아스기	쥐라기	백악기	고제3기	신제3기	제4기

달팽이들 싸움으로 멸종

커 억···. 혀, 형님, 저는 이제 끝인 것 같습니다······.

섬에 우리밖에 없었을 때는 참 즐거웠어요. 그때는 설마 아프리카달팽이에게 구역을 빼앗길 거라고는 **상상도 못 했죠.**

저 녀석들······, 이렇게나 난장판을 벌일 줄은 몰랐어요. 원래 섬사람들은 저

달팽이를 먹는 늑대달팽이
이따가 잡아먹힐 운명
폴리네시아달팽이

녀석들을 식용으로 길렀죠. 그런데 **야생으로 도망친 것도 모자라 사람들의 농작물까지 먹어 치웠어요.** 괘씸하기 짝이 없습니다! 화가 난 사람들이 천적인 늑대달팽이를 데려왔을 때는 거참 고소하다 싶었죠.

그런데……, 그런데!

늑대달팽이 녀석들, 아프리카달팽이가 아니라 우리만 잡아먹다니! 우린 아무 잘못도 없는데, 해도 너무합니다! 뭐라고 말씀 좀 해 보세요, 형님!

이럴 걸 그랬어

녀석들로부터 도망칠 만큼 발이 빨랐다면 좀 낫지 않았을까요?

가장 큰 달팽이인 아프리카달팽이

멸종 시기	20세기
크기	껍데기의 길이 1~2cm
서식지	프랑스령 폴리네시아
먹이	식물
분류	복족류*

(*복족류 : 배에 다리가 붙은 연체동물)

사실 달팽이는 대단히 종류가 많다. 움직임이 느리고 행동 범위가 좁아서 지역마다 다른 종으로 갈라지기 쉬웠다. 폴리네시아달팽이는 본래 프랑스령 폴리네시아의 여러 섬에서 살았던 달팽이다. 그런데 사람이 들여온 아프리카달팽이가 지나치게 늘어났고, 아프리카달팽이를 없애기 위해 풀어놓은 늑대달팽이가 폴리네시아달팽이를 공격하면서, 60종이나 되었던 폴리네시아달팽이 무리 중 대부분이 멸종하고 말았다.

선캄브리아기	고생대						중생대			신생대		
	캄브리아기	오르도비스기	실루리아기	데본기	석탄기	페름기	트라이아스기	쥐라기	백악기	고제3기	신제3기	제4기

사방이 온통 마그마라 멸종

자네들은 2억 5000만 년 전에 마그마가 대규모로 분출한 일을 모를 게야. '슈퍼 플룸'이라고 하는데, 이름은 근사하지만 지옥이 따로 없었네.

어느 날, 난데없이 바다 밑바닥이 갈라지더니만 거대한 마그마 덩어리가 솟아났다네. 용암처럼 시시한 게 아니었어. **지구의 알맹이가 터져 나왔나 싶을 만큼 엄청난 기세로 지상까지 솟구쳤지.**

게다가 마그마와 함께 뿜어져 나온 이산화탄소 때문에 온 지구가 더워졌네. **엎친 데 덮친 격으로 산소까지 부족해져서 다들 숨이 갑갑해지고 말았다네.**

나중에 안 사실이지만, 이때 당시 살았던 바다 생물 중에서 96%의 종이 멸종했다고 하지. 당연히 나도 피할 수 없었네.

사람의 문명도 똑같다네. 한번 마그마가 터지면 단번에 마그마로 뒤덮이고 말지. 캔버스에 그려 놓은 유화처럼 말이네.

멸종 시기	페름기 후기
크기	몸길이 5~250cm
서식지	전 세계의 바다나 강
먹이	삼엽충과 물고기 등
분류	협각류*

(*협각류 : 머리에 가위 모양의 집게가 달린 절지동물의 한 분류)

이럴 걸 그랬어

죽을 때는 모두 죽는 게야.

바다전갈 무리는 고생대 전기의 바다에서 그야말로 독보적인 번영을 누렸다. 그런데 고생대 중기인 데본기로 접어들자 '대형 육식 어류'라는 강적이 등장했다. 이렇게 바다전갈의 천하가 막을 내림과 동시에 덩치가 작은 바다전갈들만 남게 되었다. 그마저도 페름기 후기, '슈퍼 플룸'으로 분출된 마그마에 치명적인 타격을 입으며 멸종하고 말았다.

선캄브리아기	고생대						중생대			신생대		
	캄브리아기	오르도비스기	실루리아기	데본기	석탄기	페름기	트라이아스기	쥐라기	백악기	고제3기	신제3기	제4기

에베레스트산이 높아져서 멸종

앤드류사쿠스

불쌍하면 먹이를 줘.

에취! 재채기가 멋질 않는구먼, 젠장! **에베레스트산은 8848m나 된다면서.** 추워서 콧물이 나올 만도 하지.

하지만 내가 살았던 시대에는 이렇게 높지 않았어. 그때 나는 물가에서 거북이, 조개, 동물의 시체 따위를 먹고 살았거든.

뭐? 먹이가 너무 초라하다고? 누가 감히 그런 소리를 해! 몸길이 4m, 머리 길이 85cm, 지상 최대의 육식 포유류가 바로 나라니까.

곰의 몸에 뾰족뾰족한 악어 이빨을 가진 입이 달렸다고 생각하면 돼. 어때, 이제 좀 무섭지?

그런데 3400만 년 전부터 에베레스트산이 쑥쑥 높아지더란 말이야. **덕분에 사는 곳은 추워지고, 먹이는 줄어들어, 얼마나 난감했는지 몰라.** 커다란 몸집 때문에 움직임까지 둔하니 그대로 멸종할 수밖에 없었다고.

멸종 시기	고제3기(에오세 후기)
크기	몸길이 4m
서식지	몽골
먹이	동물의 시체 등
분류	포유류

이럴 걸 그랬어

몸이 조금만 더 작고 빨랐다면 다른 동물을 사냥할 수 있었을지도 몰라.

앤드류사쿠스의 화석은 머리뼈밖에 발견되지 않았지만 길이가 85cm나 되었기 때문에 지상 최대의 육식 포유류였을 것으로 보인다. 앤드류사쿠스는 악어처럼 따뜻한 물가에서 살았던 모양이다. 그런데 인도반도가 유라시아 대륙과 충돌하면서 육지가 솟아올라 에베레스트산을 포함한 히말라야산맥이 생겨났다. 서식지가 급격하게 춥고 건조한 환경으로 변하자 앤드류사쿠스는 결국 멸종하고 말았으리라.

선캄브리아기	고생대						중생대			신생대		
	캄브리아기	오르도비스기	실루리아기	데본기	석탄기	페름기	트라이아스기	쥐라기	백악기	**고제3기**	신제3기	제4기

추위를 피하지 못해서 멸종

어라, 방금 물고기가 눈앞을 쓱 지나갔는데요. **추위 때문에 몸이 마음대로 움직이질 않아요.** 이런 일은 생각도 못해 봤네요.

길게 늘인 입 덕분에 물속에서 물고기를 사냥하기 편해진 것까지는…… 좋았어요. 살 곳을 잘못 정했다고나 할까요, **무턱대고 남쪽에서 내려간 것이 실수였나 봐요.**

저는요……, 원래는 아시아 대륙에서 살았지만 **빙하기에 육지가 이어졌을 때 어쩌다 일본까지 가 버렸네요.** 추운 빙하기에는 해수면이 낮아져서 일본과 한국, 러시아가 이어지기 때문에 바다를 따라 걸어갈 수 있었어요.

그런데 **일본 안쪽까지 너무 깊숙이 들어가는 바람에…….** 정신을 차렸을 때는 이미 아시아 대륙으로 돌아가지 못하게 된 상태였어요.

게다가 추위 때문에 움직임이 둔해져서 물고기를 사냥하지 못하게 됐고, 결국 멸종하고 말았네요.

마치카네악어

아이고~
뻔히 보이는데 잡지를 못해.

멸종 시기	제4기(플라이스토세 중기)
크기	전체 길이 7m
서식지	일본
먹이	물고기
분류	파충류

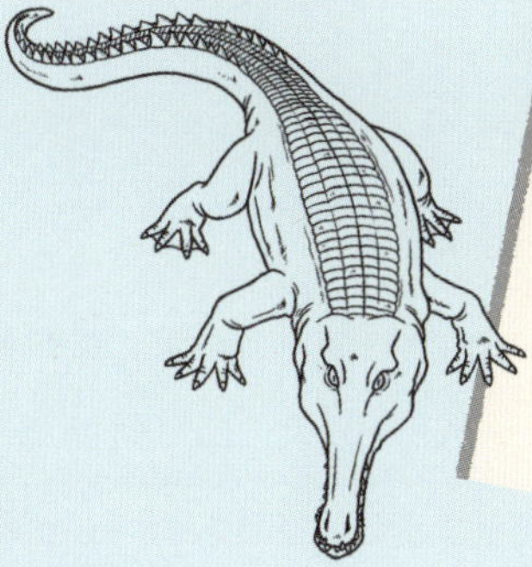

이럴 걸 그랬어

생각 없이 이리저리 돌아다녔던 게 실수였네요.

일본 오사카의 '마치카네산'에서 화석이 발견된 대형 악어. 현존하는 악어 가운데 가장 큰 바다악어보다도 몸집이 큰 마치카네악어는 가늘고 긴 입을 휘둘러 먹이를 잡았던 모양이다. 해수면이 낮아진 빙하기에 일본을 찾아간 마치카네악어는 따뜻해지자 일본 안쪽까지 깊숙이 들어갔다. 그래서 다시 빙하기가 찾아온 뒤로도 대륙으로 돌아가지 못했고, 추워서 움직임이 둔해진 탓에 물고기를 잡지 못하게 되어 멸종한 것으로 보인다.

선캄브리아기	고생대						중생대			신생대		
	캄브리아기	오르도비스기	실루리아기	데본기	석탄기	페름기	트라이아스기	쥐라기	백악기	고제3기	신제3기	제4기

물이 뜨거워져서 멸종

아 아아아아아아아! 뭘 쳐다봐!
어쭈? 뭐라고? 작다고 무시하는 거야? **나는 이 몸으로 3억 년 넘게 살아왔다고!**

지구의 생물이 대부분 사라진 대멸종에서도, 그것도 세 번의 대멸종에서도 살아남았다니까. **너, 방금 '하지만 어차피 네 번째 대멸종에서 멸종했잖아.'라고 생각했지?**

바구니 같은 턱이 없어서 언제나 덥석~

그럼 네가 2억 년 전의 시대에 살아 볼래? **대륙이 쪼개지고 사방에서 마그마가 솟구치는 시대에 살아 볼래?**

기온이 엄청나게 오르고, 수온까지 상승했지. 게다가 마그마와 함께 뿜어져 나온 가스 때문에 물속의 산소까지 없어졌다니까!

이런데 무슨 수로 멸종을 피하겠냐고.
화산 이 녀석, 가만 안 두겠어. 덕분에 숨도 못 쉬게 됐잖아, 엉?

이럴 걸 그랬어

미꾸라지처럼 지상의 공기를 들이마실 수 있도록 몸을 개조해 둘 걸 그랬어.

코노돈트 동물

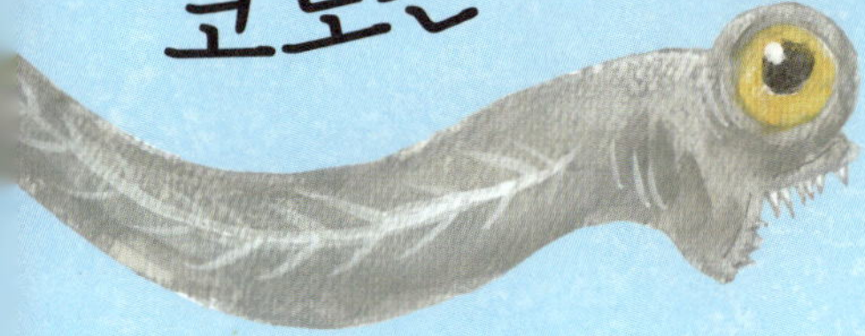

멸종 시기	트라이아스기 후기
크기	3~20cm
서식지	전 세계의 바다
먹이	플랑크톤 등
분류	코노돈트류

사실 '코노돈트'는 동물의 이름이 아니라 '이빨 화석'의 이름이다. 코노돈트는 길이가 1mm도 안 되는 무척 작은 화석으로, 3억 년에 걸친 지층(캄브리아기부터 트라이아스기까지)에서 발견되었다. 그런데 이 화석이 대체 어떤 동물의 화석인지는 19세기에 발견된 이후로 100년 넘게 밝혀지지 않았다. 1983년에 비로소 몸의 부드러운 부분이 남아 있는 화석이 발굴되면서 코노돈트의 정체가 가느다란 미꾸라지처럼 생긴 동물의 이빨이었다는 사실이 밝혀졌다.

선캄브리아기	고생대						중생대			신생대		
	캄브리아기	오르도비스기	실루리아기	데본기	석탄기	페름기	트라이아스기	쥐라기	백악기	고제3기	신제3기	제4기

털매머드
똥구멍을 뚜껑으로 닫을 수 있다.
장비류*의 일종
(*장비류 : 코끼리를 포함하여 코가 긴 동물들)

눈이 내려서 멸종

사방이 새하얗잖아……. 눈이 엄청난걸. **우리 매머드는 온몸이 긴 털로 뒤덮여 있어서 추위에 무척 강해.** 몸의 열이 달아나지 못하도록 **똥구멍에 뚜껑까지 달려 있지.**

하지만 지구가 점점 따뜻해지면서 온 세상의 얼음이 한꺼번에 녹아내렸어.

그랬더니 말이야, 지구의 습도가 높아져서 커다란 구름이 생겨나더니 우리가 살던 시베리아에 엄청나게 많은 눈을 뿌리기 시작했어.

눈이 차가운 건 상관없지만 문제는 풀이었어. 1년 중 거의 절반이 눈으로 뒤덮여서 내가 먹을 풀이 자라지 못하게 된 거야!

나는 덩치도 커서 겨우 요 정도로는 전혀 배가 안 부르다고~.

이럴 걸 그랬어

털을 뽑아 버리고 남쪽으로 이동할 걸 그랬어.

멸종 시기	제4기(홀로세)
크기	어깨까지의 높이 3.2m
서식지	북아메리카, 러시아
먹이	풀과 나뭇잎
분류	포유류

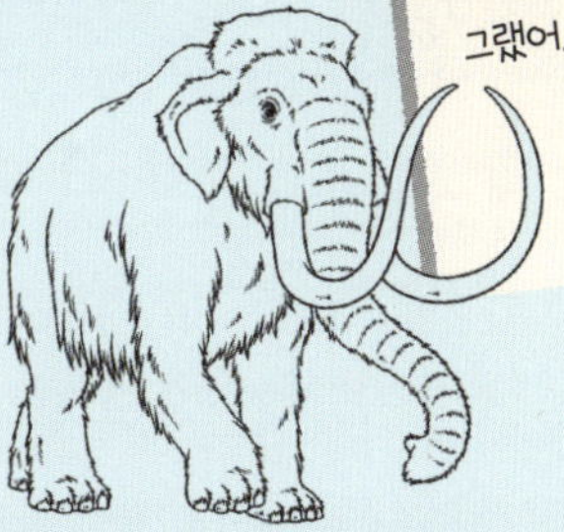

가장 유명한 매머드다. 털이 길어서 몸집이 커 보이지만 아시아코끼리와 비슷한 크기였다. 북극 주변의 추운 땅에서 살고 있었다. 건조한 빙하기에는 눈이 별로 내리지 않기 때문에 추위에 강한 식물을 먹으며 지냈다. 하지만 빙하기가 끝나고 지구 전체의 온도가 올라가면서 습도도 높아져 추운 지역에서는 눈이 어마어마하게 많이 내렸다. 식물이 자라기 어려워지자 식량 부족으로 멸종하고 만 듯하다.

선캄브리아기	고생대						중생대			신생대		
	캄브리아기	오르도비스기	실루리아기	데본기	석탄기	페름기	트라이아스기	쥐라기	백악기	고제3기	신제3기	제4기

허리케인에 휘말려서 멸종

앗, 들리십니까? 이곳은 쿠바에 있는 사파타 습지입니다. **한 시간쯤 전에 대형 허리케인이 상륙했습니다!**

바람이 엄청납니다! 제 옆에 보이는 맹그로브나무가 **사정없이 쓰러지고 있습니다!**

아, 이곳에는 우리 쿠바홍금강앵무의 둥지가 있습니다. 원래는 섬 전체에 살고 있었습니다만, 사람들이 숲을 계속해서 밭으로 바꿔 놓고 말았습니다. 그래서 그나마 숲이 남아 있던 이곳 바닷가 맹그로브 숲으로 다 함께 간신히 피신했습니다.

앗, 방금 또다시 맹그로브나무 한 그루가 뽑혀 나갔습니다! **지금까지 네 번에 걸친 허리케인으로 이 숲마저도 무참히 파괴되고 있습니다!**

이상, 사파타 습지에서 전해 드렸습니다.

쿠바홍금강앵무

멸종 시기	1885년
크기	전체 길이 50cm
서식지	쿠바
먹이	나무 열매
분류	조류

이럴 걸 그랬어

차라리 다른 섬으로 이사 갔으면 살았을지도 모릅니다.

금강앵무는 굵은 나무에 뚫린 구멍에 알을 낳는다. 그래서 큰 나무가 있는 숲에서만 살아갈 수 있다. 하지만 사람들은 끊임없이 쿠바의 숲을 개척하여 밭으로 바꾸어 나갔다. 서식지가 좁아진 쿠바홍금강앵무는 개척되지 않은 해안가의 맹그로브 숲으로 보금자리를 옮겼다. 하지만 대형 허리케인이 연달아 습격해 와 마지막 서식지까지 파괴되어 쿠바홍금강앵무는 멸종하고 말았다.

	고생대						중생대			신생대		
선캄브리아기	캄브리아기	오르도비스기	실루리아기	데본기	석탄기	페름기	트라이아스기	쥐라기	백악기	고제3기	신제3기	**제4기**

웃는 올빼미

이 몸은 웃는올빼미라 하외다. **이름처럼 웃음소리 같은 울음소리가 특징이지요.**
어느 날, 이 몸이 사는 뉴질랜드에 사람들이 찾아왔다오. 그때 이 몸은 **숲속에서 마구 웃어 대고 있었소이다.**

사람들은 사냥을 즐기기 위해 토끼를 들판에 풀어놓았다오. 그런데 녀석들은 사람들의 예상을 뛰어넘어 무럭무럭 번식하더니 순진한 얼굴로 농작물을 모조리 먹어 치웠소.

너무 웃어서 멸종

옛날에는 밤의 제왕이었지.

이 몸은 한심한 사람들을 비웃었소이다.

사람들이라고 가만히 있지는 않았다오. 이번에는 토끼의 천적인 족제비를 풀어놓은 것이외다.

사람들의 계획대로 족제비는 토끼를 잡아먹었소. **하지만 토끼보다 우리를 더 많이 잡아먹었다오.** 독특한 웃음소리 때문에 위치를 쉽게 들켰는지도 모르지요. 그렇다고 웃음을 그쳐서야 웃는올빼미라는 이름이 무색하지 않겠소이까. 이 몸은 마음을 굳게 먹고 계속해서 웃다가 결국 멸종했소이다.

이럴 걸 그랬어

웃지 말고
다른 곳으로
도망칠 걸
그랬다오.

멸종 시기	1914년
크기	전체 길이 40cm
서식지	뉴질랜드
먹이	새와 도마뱀
분류	조류

웃음소리 같은 별난 울음소리를 지닌 웃는올빼미는 뉴질랜드 최대의 올빼미였다. 밤의 숲에서는 상대할 적이 없었다. 본래 뉴질랜드에는 박쥐를 제외하면 포유류가 없었으나 사람이 들여온 토끼가 크게 번식하고 말았다. 그런 토끼를 없애기 위해 사람은 족제비를 풀어놓았고, 족제비는 웃는올빼미의 먹이인 새와 도마뱀은 물론, 심지어 웃는올빼미까지 잡아먹었다. 족제비가 뉴질랜드에 들어온 지 채 100년도 안 돼 웃는올빼미는 멸종하고 말았다.

선캄브리아기	고생대						중생대			신생대		
	캄브리아기	오르도비스기	실루리아기	데본기	석탄기	페름기	트라이아스기	쥐라기	백악기	고제3기	신제3기	제4기

물고기의 먹잇감이 되어 멸종

물고기의 턱을 당해 낼 수 없어……!

싸워라 삼엽충레인저

제1화 삼엽충레인저, 등장

A 나는 테라타스피스! 커다란 덩치와 철벽 수비로 유명한 삼엽충의 영웅이지!

B 나는 에오하르페스! 물에서 먹이를 걸러 내는 재주꾼이지!

C 나는 코왈레프스키! 모래 밖으로 길쭉한 눈을 꺼내 스파이처럼 주변을 살피지!

D 나는 키르토메토푸스! 가시로 적에게 반격을 날리는 게 내 특기!

A 다양한 진화를 거쳐 대멸종의 위기를 두 번이나 극복해 온…… 우리는 삼엽충레인저!(완벽했어! 흐뭇해.)

B 대장님! **A** 무슨 일이지!?

C 물고기가 우리를 노리고 있습니다!

A 그렇군……. 우리는 이제 끝장이다!

BCD 네?

A 물고기한테는 이길 수 없어! 그게 삼엽충의 한계다! 얘들아, 저세상에서 만나자!

BCD 대장니이이이임!

멸종 시기	페름기 후기
크기	몸길이 1~60cm
서식지	전 세계의 바다
먹이	동물의 시체 등
분류	삼엽충류

이럴 걸 그랬어

온갖 수를 다 써 봤지만 결국 물고기에게 잡아먹히고 마는 우리였다.

캄브리아기에 등장한 삼엽충류는 가장 이른 시기에 '눈'과 '단단한 몸'을 얻으며 크게 번성했다. 하지만 데본기로 접어들어 진화하기 시작한 어류는 단단한 삼엽충을 아무렇지도 않게 먹어 치웠다. 그 결과, 석탄기에는 삼엽충의 종이 크게 줄었고, 살아남은 몇몇 삼엽충도 페름기 후기에 벌어진 대멸종으로 사라졌다.

선캄브리아기	고생대						중생대			신생대		
	캄브리아기	오르도비스기	실루리아기	데본기	석탄기	페름기	트라이아스기	쥐라기	백악기	고제3기	신제3기	제4기

아르시노이테리움

사막에 남겨져서 멸종

휴, 풀이나 뜯던 그 시절로 돌아가고 싶어요. 여기 두 개의 뿔을 보세요. 엄청나게 크죠? **하지만 사실 속은 텅 비어 있어요.** '크기만 하면 알맹이야 아무렴 어때.' 그때 우리는 그렇게 생각했어요.

암컷의 인기를 얻기 위해서였죠. 날마다 이 뿔을 휘두르며 다른 수컷과 싸우느라 하루를 보냈어요. 당연히 그래야 한다고 믿었어요.

하지만 그럴 상황이 아니었어요. 우리가 싸움에만 정신이 팔린 사이에 기후가 점점 건조해졌어요. 물가는 조금씩 줄어들었고, 그 대신 사막이 넓어졌어요.

정신을 차렸을 때는 사막 한가운데에 덩그러니 남겨져 있었어요.

먹을 풀이 사라져 제 마음은 허무할 뿐이었어요. 그리고 배 속은 텅 비었어요. 그래요, 마치 제 뿔처럼 말이에요.

아, 어째서 가장 소중한 건 사라지고 나서야 깨닫게 되는 걸까요?

멸종 시기	고제3기(올리고세 전기)
크기	어깨까지의 높이 1.8m
서식지	북아프리카, 아라비아반도
먹이	풀
분류	포유류

이럴 걸 그랬어

넓게 퍼져서 살았으면 사막에 남겨질 일도 없었겠지요.

아르시노이테리움은 이집트 부근의 습지나 맹그로브 숲에서 살고 있었다. 그런데 기후가 건조해지면서 사막화가 점차 진행되었다. 또한 이 시기에는 아프리카와 아라비아반도 사이로 홍해가 밀려들어 서식지가 분단되고 말았다. 그 결과, 사막에 남겨진 아르시노이테리움은 커다란 몸을 유지하는 데 필요한 풀을 충분히 먹지 못해 멸종하고 말았으리라.

선캄브리아기	고생대						중생대			신생대		
	캄브리아기	오르도비스기	실루리아기	데본기	석탄기	페름기	트라이아스기	쥐라기	백악기	**고제3기**	신제3기	제4기

호기심이 많은 사람에게 잡아먹혀서 멸종

괌

큰박쥐는 ▶ 괴로워하고 있다.

"크윽…… ▶ 이제 ▶ 여기까지인가……. 내가 ▶ 사람 따위에게 ▶ 멸종당할 줄이야……!"

괌큰박쥐는 ▶ 부들부들 떨며 분노하고 있다.

"우리는 ▶ 이 작은 섬에서 ▶ 과일을 먹으며 ▶ 평화롭게 지내고 있었는데. 70년 전에 ▶ 너희가 느닷없이 나타나서는 ▶ 섬을 휴양지로 ▶ 바꿔 버렸어!"

괌큰박쥐는 ▶ 슬픈 표정을 짓고 있다.

"그 이후로 ▶ 수많은 사람이 찾아오더니 ▶ 우리를 ▶ 별미랍시고 ▶ 모조리 잡아먹었지. 이 원한 ▶ 죽어서도 잊지 않겠다……!"

괌큰박쥐는 ▶ 쓰러졌다. 💀

멸종 시기	1974년
크기	몸길이 15cm
서식지	괌섬
먹이	과일
분류	포유류

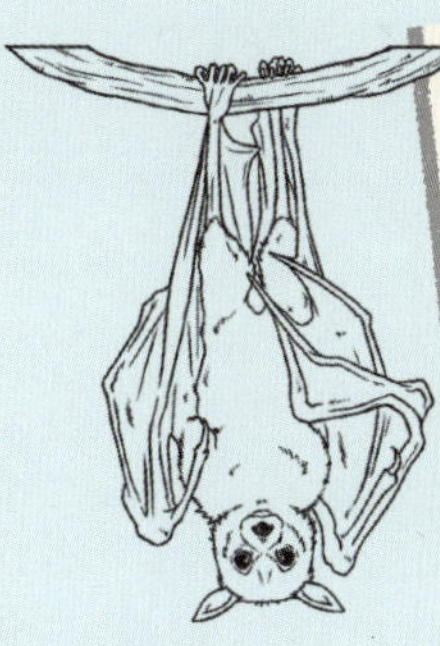

이럴 걸 그랬어

사람들 몰래 숨어서 살았어야 했어.

큰박쥐는 나름 몸집이 커서 먹을 것이 많으며 과일을 먹어서 누린내가 적게 나기 때문에 열대 지방에서는 의외로 널리 먹는 음식 재료다. 괌섬에서도 차모로 원주민들이 예전부터 즐겨 먹었다. 하지만 괌섬은 크지 않아서 본래 큰박쥐가 몇천 마리밖에 살고 있지 않았다. 그래서 관광객에게 먹일 목적으로 사냥하기 시작한 지 겨우 20년 만에 멸종하고 말았다.

선캄브리아기	고생대						중생대			신생대		
	캄브리아기	오르도비스기	실루리아기	데본기	석탄기	페름기	트라이아스기	쥐라기	백악기	고제3기	신제3기	제4기

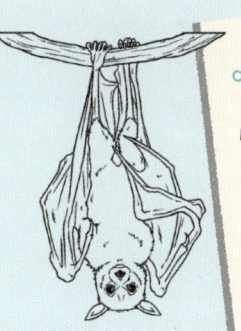

꽃이 피어서 멸종

스테고사우루스

마음만 먹으면 육식 공룡도 한 꼬챙이★

꽃밭에서 죽음의 향기가……

어린이라면 누구나 나를 알고 있을걸. 왜냐하면 나는 초식 공룡계의 아이돌이거든.

울퉁불퉁한 등의 골판. 뾰족한 가시가 달린 굵은 꼬리. 초식 공룡인데 육식 공룡도 쓰러뜨리지. 초식 공룡이라 약할 것 같지만 의외로 강하다는 점 때문에 어린이들이 나에게 홀딱 반한다는 사실, 내가 모를 것 같아?

하지만 나도 동물이야. 동물에게는 숨기고 싶은 비밀이 하나씩 있다고. 놀라지 말고 들어. **이렇게 덩치가 큰 데도 사실 나는 씹는 힘이 아주 약해.** 70세 할아버지와 비슷한 수준이지.

그래서 식물에 꽃이 피었을 때는 솔직히 당황했어. 이렇게나 예쁜데 질겨서 먹지를 못하겠는걸. **내가 먹을 수 있는 건 야들야들~한 양치식물뿐이야.**

그런데 지구의 식물들이 하나둘 꽃을 피우기 시작하는 바람에 나의 목숨은 허무하게 지고 말았지.

이럴 걸 그랬어

더 질긴 것도 먹을 수 있었다면 좋았을 텐데.

멸종 시기	쥐라기 후기
크기	전체 길이 9m
서식지	북아메리카, 유라시아 대륙
먹이	양치식물과 겉씨식물
분류	파충류

스테고사우루스는 커다란 몸집과 어울리지 않게 씹는 힘이 무척 약했다. 머리가 작다는 점도 그 이유 중 하나로, 스테고사우루스는 본래 부드러운 식물만 먹고 살았을 것이다. 쥐라기 후기에는 꽃을 피우는 '종자식물'이 처음 등장하여 빠른 속도로 늘어났다. 이 시기에 스테고사우루스가 멸종했다는 사실로 보아 새로이 나타난 종자식물은 씹어 먹기에 너무 질겼는지도 모른다.

선캄브리아기	고생대						중생대			신생대		
	캄브리아기	오르도비스기	실루리아기	데본기	석탄기	페름기	트라이아스기	쥐라기	백악기	고제3기	신제3기	제4기

쉬어 가기 ❹ 대멸종의 노래

빅 파이브의 추억

노래 : 둔클레오스테우스
코러스 : 니포니테스
작사 : 이딴딴
작곡 : 김바다

들어 봐 너와의 추억
4억 5000만 년 전부터
어느덧 다섯 번이나 반복된

대부분의 생물이 사라지는
대멸종 대멸종 대멸종 대멸종 대멸종
너의 이름은 '5대 멸종' 빅 파이브

언제나 나를 힘들게 하지
엄청나게 추웠던 오르도비스기
바다에서 산소가 사라진 데본기
마그마 덩어리가 잔뜩 튀어나왔던 페름기

이쯤 했으면 끝났겠지
솔직히 그렇게 생각했어 하지만
화산 폭발 때문에 엄청나게 더웠던 트라이아스기
느닷없이 거대한 운석이 떨어졌던 백악기

매번 멸망시켜서 미안하다니
그게 할 소리야?
내 생각은 그래 이제 제발 그만
여기서 끝냈으면 해 대멸종의 추억

5

멸종할 것 같았지만 멸종하지 않은 동물

저러다 멸종하는 것 아냐……?

싶다가도

가까스로 살아남는 동물도 있습니다.

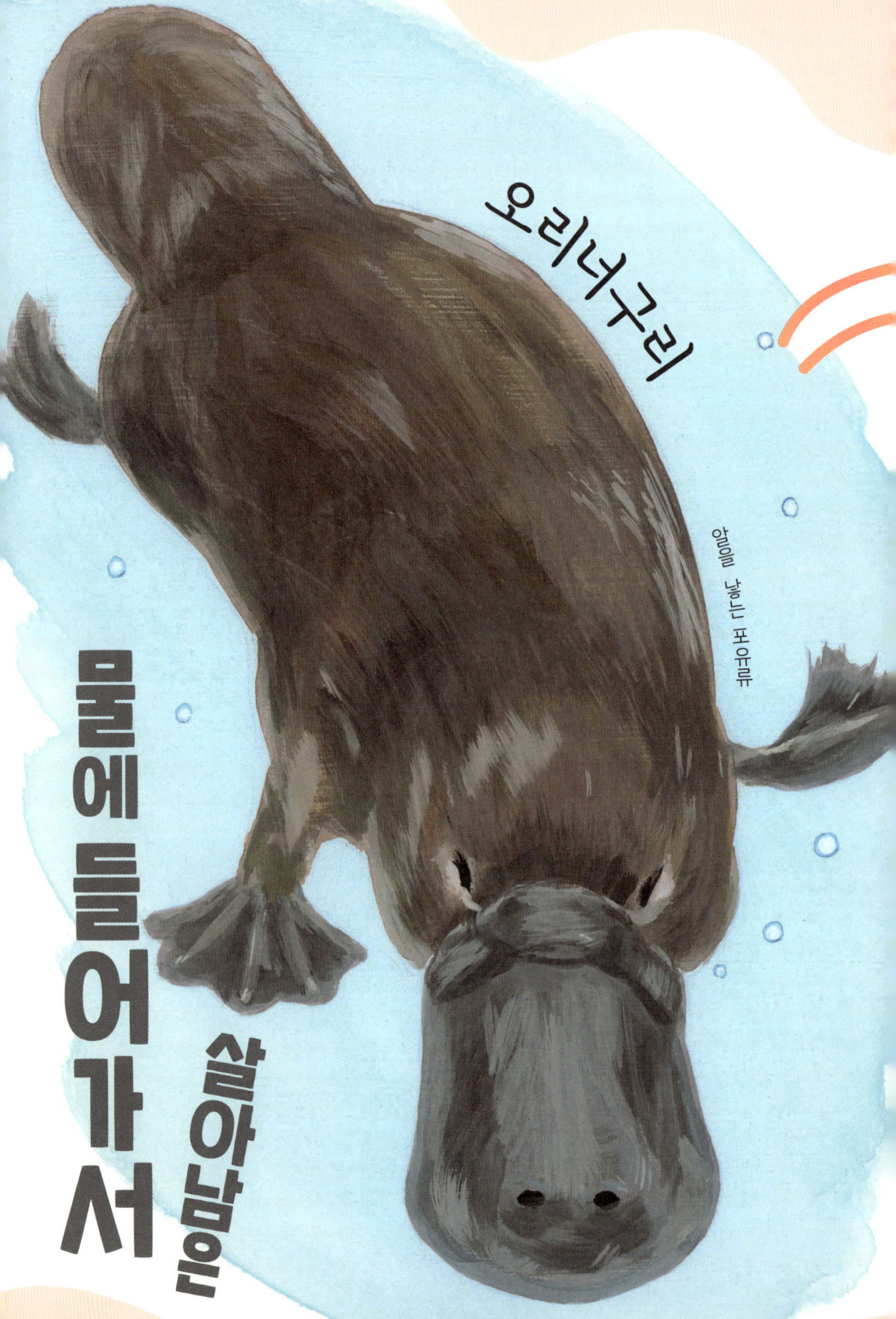

물에 들어가서 살아남은

오리너구리

알을 낳는 포유류

일부러 숨어 있었던 건 아니지만……. 내 몸이 좀 유별나잖아. 그게 말이지……, **오줌하고 똥하고 알이 모두 같은 구멍에서 나와.** 게다가 체온 조절도 서툴러. 나도 일단 사람과 같은 포유류이기는 한데, 이런 건 다 파충류의 특징이래. 게다가 사는 장소도 물속이고 말이야.

특징만 놓고 보면 악어하고 완전 판박이라니까~.

아, 그래도 **헤엄칠 때 눈을 꼭 감는 건** 나의 매력 포인트. 악어보다 훨씬 귀엽잖아!

게다가 이 몸도 나쁜 점만 있는 건 아니야. 물속에서 지낸 덕분에 먹이나 보금자리를 두고 다른 동물과 다툴 필요가 없었거든. **땅 위에는 경쟁자가 많아서 내 친구들은 대부분 멸종하고 말았지.** 물속에서 살기를 정말 잘했다니까~!

이렇게 별난 몸으로 몇천만 년이나 살아남았으니 나도 운이 참 좋아~.

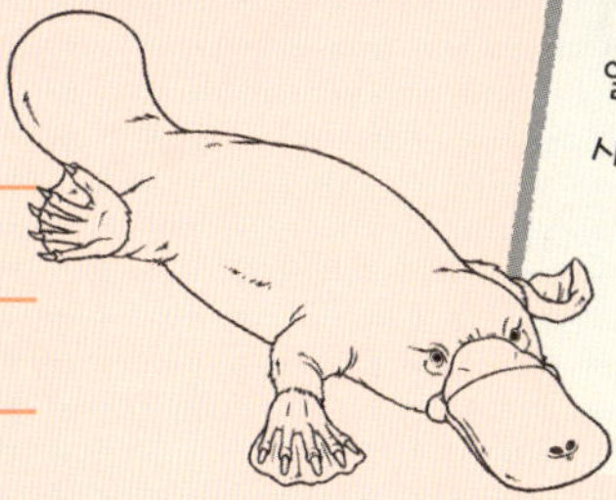

이래서 살았어

일찌감치 물속 생활을 시작하길 잘했어.

크기	몸길이 40cm
서식지	호주
먹이	물속에서 사는 곤충과 갑각류
분류	포유류

오리너구리는 '단공류'라고 하는 원시적인 포유류다. 많은 단공류는 캥거루를 비롯한 유대류에게 먹이와 보금자리를 빼앗겨 멸종하고 말았다. 그런 가운데 오리너구리가 살아남은 것은 물속에서 살아갈 수 있게 진화했기 때문일 것이다. 경쟁 상대인 유대류는 주머니에 물이 차면 새끼가 죽을 가능성이 있기 때문에 물속으로는 거의 진출하지 않았다.

선캄브리아기	고생대						중생대			신생대		
	캄브리아기	오르도비스기	실루리아기	데본기	석탄기	페름기	트라이아스기	쥐라기	백악기	고제3기	신제3기	제4기

산으로 올라가서
살아남은
뇌조

오프로드 서바이벌

♥ 안 돼, 더는 못 뛰겠어…….

♠ 포기하지 말고 일어나! 여기 있으면 죽는단 말이야.

♥ 틀렸어, 벌써 태양이 저기까지 떠올랐는걸. 당신만이라도 먼저 가…….

♠ 너만 남겨 두고 어떻게 가겠어!

♥ 우리는 왜 일본 같은 곳에 오고 말았을까…….

♠ 그때는 아직 빙하기여서 일본도 추웠으니 별수 없잖아…….

♥ 빙하기가 끝나자 이렇게 더워질 줄은 몰랐어!
저기, 다른 친구들은 어떻게 됐을까?

♠ 일찌감치 러시아로 돌아갔지. 여기 남은 건 우리뿐이라고, 제길!

♥ 아아, 이제 끝장이야!

♠ 잘 들어, 더위에 약한 우리가 살아남을 방법은 하나밖에 없어. 눈 쌓인 산을 향해 go! go! go!

♥ 당신은 의외로 불타는 열정의 소유자였구나.

♠ 훗, 이제야 알았군. 내 뜨거운 열정에 녹아 버리면 어떡하지?

♥ 쓸데없는 소리 그만해.

크기	전체 길이 37cm
서식지	일본의 혼슈 지방
먹이	식물의 새싹과 씨앗
분류	조류

이래서 살았어

일본에 남겨졌지만
추운 고산 지대로
이사를 가서
살아남았지!

뇌조는 본래 러시아나 캐나다 등 추운 지방에서 서식하는 새다. 그런데 일본처럼 따뜻한 곳에서도 서식하는 이유는 지구가 추웠던 빙하기에 일본으로 이동해 갔기 때문이다. 뇌조는 빙하기가 끝나자 북쪽으로 돌아가거나 더위에 죽고 말았지만 일부는 기온이 낮은 해발 2000m 이상의 높은 산으로 도망쳤고, 뇌조의 친척인 '일본뇌조'가 되어 살아남았다.

선캄브리아기	고생대						중생대			신생대		
	캄브리아기	오르도비스기	실루리아기	데본기	석탄기	페름기	트라이아스기	쥐라기	백악기	고제3기	신제3기	제4기

숲에 틀어박혀서 살아남은

피그미하마

쉬는 날이면 뭘 하냐고요? 이런 얘기를 해도 될까 몰라……. **사실은 저, 움직이는 걸 엄청나게 싫어해요!** 진짜로 숲에서 한 발짝도 안 나간다니까요. 집돌이라고나 할까요.

뭐, 평소에도 숲을 돌아다니며 나무 열매나 풀, 낙엽이나 나무뿌리만 찾아다니니 결국 밖으로는 안 나가는 셈이지만요.

이유 말인가요? 으음, 저를 포함해서 **하마 집안은 다들 피부가 무척 예민해요.** 오랫동안 햇볕을 쬐면 화상을 입을 정도로요.

그래서 사바나의 하마는 낮 동안 물속에서 조용히 지내지만 제가 사는 숲은 다행스럽게도 습도가 아주 높았어요. **천연 보습제 덕분에 피부가 항상 촉촉~하다고나 할까요!**

그러니 강이 없더라도 이 숲에 있으면 살아갈 수 있지요.

게다가 저는 날씬해서 하마보다 걸음도 빠르고요. 아, 이 얘기는 비밀로 해 주세요.(빙그레 ^_^)

크기	어깨까지의 높이 85cm
서식지	서아프리카
먹이	풀과 나무 열매
분류	포유류

이래서 살았어

섣불리 보금자리를 바꾸지 않길 잘했다니까요 ♪

지구의 기온이 낮아지고 기후가 건조해지자 숲은 점점 줄어들었고, 아프리카에서는 사바나와 사막이 넓어졌다. 그래서 나뭇잎을 먹고 살던 많은 포유류는 숲을 떠났지만 피그미하마는 좁아진 숲에 그대로 머물렀다. 그 결과, 현재 피그미하마의 서식지는 서아프리카의 일부 숲으로 한정되었지만 여전히 조상들과 다름없는 모습으로 살아가고 있다.

선캄브리아기	고생대						중생대			신생대		
	캄브리아기	오르도비스기	실루리아기	데본기	석탄기	페름기	트라이아스기	쥐라기	백악기	고제3기	신제3기	제4기

조용히 오래 살아서 살아남은

아, 제 얘기는 그냥 넘어가죠. 다른 분들의 이야기가 더 재미있으니까요.

에이, 제가 얼마나 시시한 동물인데요. 밥도 조금만 먹고, 성장 속도도 느리고, 별다른 무기도 없고…….

굳이 말하자면 추위에 강하다는 점과 **100년 넘게 산다는 점이 자랑거리**이긴 한데, 기왕이면 가슴이 뜨겁게 불타오를

투아타라

만한 그런 뭔가를 갖고 싶었어요.

살아남은 이유도 우연이라고나 할까요. 줄곧 작은 무인도에서만 지냈어요. 사람이 개나 쥐 같은 동물을 데려오지 않은 덕분에 살아남았죠.

쥐가 들어왔다면 그대로 끝장이었을걸요. **우리는 4년에 한 번만 알을 낳거든요.** 알을 빼앗겼더라면 눈 깜짝할 사이에 멸종했을 거예요.
에구, 하필 살아남은 게 저라서 정말 죄송합니다.

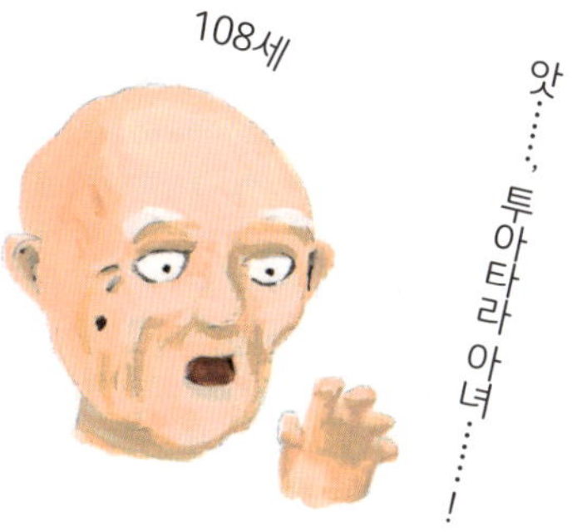

이래서 살았어

눈에 띄지 않고 조용히 살아가는 게 가장 안전하다고요!

크기	전체 길이 60cm
서식지	뉴질랜드
먹이	곤충과 도마뱀
분류	파충류

도마뱀처럼 생겼지만 보통의 파충류와는 전혀 다른 '훼두목'*으로 분류된다. 과거에는 뉴질랜드에 폭넓게 서식했지만 지금은 30개 섬에서만 살고 있다. 이들 섬은 모두 무인도로, 사람이나 가축 등이 들어오지 않았기 때문에 살아남은 듯하다. 먹이를 조금만 먹고도 100년 넘게 살 수 있기 때문에 천적만 없다면 조용히 오랫동안 살아남을 수 있었으리라.

(*훼두목 : 뱀, 도마뱀들은 뱀목에 속하지만, 투아타라는 옛도마뱀의 일종인 훼두목에 속한다.)

* 모든 투아타라류의 서식 연대

선캄브리아기	고생대						중생대			신생대		
	캄브리아기	오르도비스기	실루리아기	데본기	석탄기	페름기	트라이아스기	쥐라기	백악기	고제3기	신제3기	제4기

의욕이 없어서 살아남은 앵무조개

물고기는 기운이 넘치네…….

얕은 바다에서의 경쟁은 포기했어.

어우~, 나른해, 헤엄치기 귀찮아. 헤엄은 나하고 안 맞는다니까. **왜냐하면 나는 1초에 5cm밖에 움직이지 못하거든.** 초등학교 운동장을 한 바퀴 도는 데에만 거의 한 시간이 걸리지.

아~, 밥 먹기도 귀찮아. 마지막 식사가 언제였더라. 5일 전이었나……?

그럼 앞으로 이틀은 버틸 수 있겠다. **일주일에 한 번만 죽은 물고기를 먹으면 살아갈 수 있으니까.**

어우~, 다투기도 귀찮아. 먼 옛날에는 얕은 바다에서 살았는데 경쟁 상대가 워낙 많다 보니 다 지긋지긋해졌어. **난 너무 느려서 걸핏하면 먹이를 몽땅 빼앗겼거든.**

애초에 앞장서서 나서는 스타일은 딱 질색이라고. 그래서 깊은 바다에서 조용히 살아가고 있었는데, **갑자기 운석이 떨어지더니 공룡이 모두 죽어 버렸어.** 얕은 바다에서 살던 녀석들은 대부분 멸종한 모양이야.

뭐, 어차피 나와는 상관없는 일인데 아무렴 어때.

이래서 살았어

너무 아등바등하다간 오래 살기 힘들어.

크기	껍데기의 길이 20cm
서식지	북남태평양
먹이	갑각류, 동물의 시체
분류	두족류

앵무조개는 약 5억 년 전인 캄브리아기에 등장해 지금까지 살아남았다. 원래는 얕은 바다에서 살았지만 같은 두족류인 암모나이트나 오징어만큼 운동 능력이 뛰어나지 않기 때문에 먹이가 적은 심해로 조금씩 밀려났으리라. 하지만 심해로 쫓겨난 일이 앵무조개에게는 행운이었다. 백악기 후기에 벌어진 대멸종 당시, 얕은 바다는 심각한 타격을 입었지만 깊은 바다는 거의 영향을 받지 않았다.

*모든 앵무조개류의 서식 연대

선캄브리아기	고생대						중생대			신생대		
	캄브리아기	오르도비스기	실루리아기	데본기	석탄기	페름기	트라이아스기	쥐라기	백악기	고제3기	신제3기	제4기

널빤지를 타고 바다를 건너서 살아남은 로드하우대벌레

- 로드하우대벌레의 모험 -

제1장 목숨을 건 대탈출! ⚓

그날 밤, 나는 연약한 널빤지에 매달린 채 광활한 바다로 뛰어들었다. 어디로 도착할지는 모른다. 그야말로 목숨을 건 탈출!
고향 같은 로드하우섬을 떠나자니 가슴이 아팠다. 하지만 사람이 섬을 찾아온 이상, 계속 머물기란 위험한 일이다. 사람은 우리를 '육지가재'라고 부르며 낚시 미끼로 사용했다. 뭐, 여기까지는 그나마 양반이었다. 문제는 곰쥐였다. 녀석들은 사람과 함께 섬을 찾아와서는 우리를 닥치는 대로 먹어 치웠다. 그래서 우리는 멸종 직전까지 내몰리고 말았던 것이다!
다음 날 아침, 눈을 떠 보니 피라미드 같은 절벽이 우뚝 솟은 무인도에 도착해 있었다. 조금이나마 식물도 보였다. 나는 결심했다.
"……그래, 여기서 처음부터 다시 시작하는 거야!"

다음 이야기 '제2장 의문의 암벽 등반가!'

이래서 살았어

멸종하기 전에 섬을 탈출한 게 행운이었지.

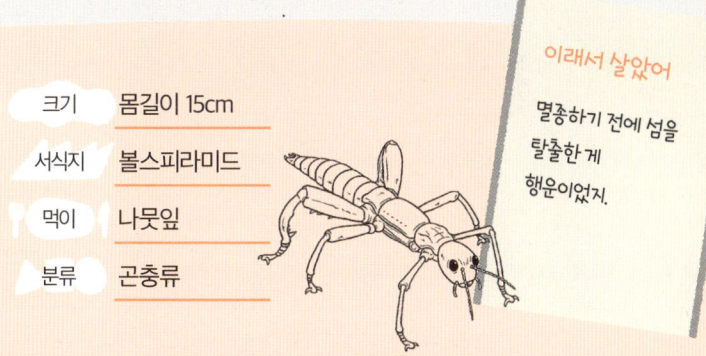

크기	몸길이 15cm
서식지	볼스피라미드
먹이	나뭇잎
분류	곤충류

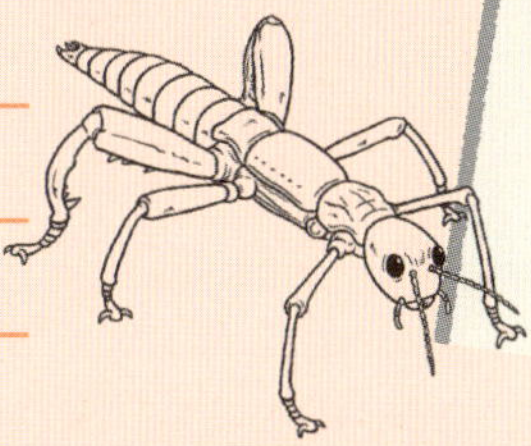

로드하우대벌레가 원래 살던 호주의 로드하우섬에서는 곰쥐의 침입을 받아 1920년에 멸종했다. 그런데 1960년대로 접어들어 로드하우섬과 16km 떨어진 '볼스피라미드'에서 로드하우대벌레가 다시금 발견되었다. 이곳은 높이 562m의 바위산으로, 키 작은 식물만이 다닥다닥 붙어 있었으나 암벽 등반가가 로드하우대벌레의 시체를 발견하면서 조사가 진행되었고, 생존이 확인되었다.

선캄브리아기	고생대						중생대			신생대		
	캄브리아기	오르도비스기	실루리아기	데본기	석탄기	페름기	트라이아스기	쥐라기	백악기	고제3기	신제3기	제4기

깊은 바다를 헤매다 살아남은

지상에서는 하염없이 세월이 흐르는 중

깊고…… 깊은 바다 속으로……

실러캔스

외톨이 실러캔스

지은이 으스스 심해왕

옛날 아주 먼 옛날, 어느 바다에 실러캔스라는 조금 별난 물고기가 살고 있었다.

어느 날, 실러캔스는 말리는 친구들을 뿌리치고 수백 미터의 깊은 바다까지 잠수했다. 실러캔스는 의기양양하게 말했다.

"아무도 따라오지 못할걸!"

정말로 아무도 따라오지 않았다. 그로부터 실러캔스는 얕은 바다로 돌아오지 않고, 깊은 바다에서 물고기와 오징어를 먹으며 살았다.

얼마나 시간이 흘렀을까, 실러캔스는 고기잡이배의 그물에 걸려 뭍으로 끌려 나오고 말았다. 육지의 풍경을 본 실러캔스는 가슴이 철렁했다. 공룡은 온데간데없고 사람이라는 동물이 제 세상인 양 살아가고 있었다.

6600만 년 전, 지구에 운석이 떨어지면서 얕은 바다에 살던 친구들이 죽었다는 사실을 실러캔스는 나중에서야 알게 되었다.

크기	전체 길이 1.5m
서식지	아프리카 동해안
먹이	물고기와 오징어
분류	경골어류*

(*경골어류 : 뼈가 굳고 단단한 물고기류)

이래서 살았어

어쩌다 보니 깊은 바다에 살아서 살아남고 말았다……

실러캔스 무리는 고생대인 석탄기에 번성했지만 중생대인 백악기에는 모두 멸종한 것으로 여겨졌다. 그런데 1938년에 실러캔스가 산 채로 발견되었다. 어쩌다 보니 환경의 변화가 적은 심해로 보금자리를 옮긴 실러캔스의 자손으로, 땅 위나 얕은 바다에서 벌어진 대멸종의 영향을 받지 않은 채 3억 5000만 년 전과 크게 다르지 않은 모습으로 지금까지 살아남았다. 참고로 실러캔스는 폐어(168쪽)와 같은 '육기어류'*다. (*육기어류 : 가슴, 배지느러미 등이 다육질의 돌출부위 끝에 달려 있다. 나중에 다리를 진화시킬 수 있었다.)

* 모든 실러캔스류의 서식 연대

선캄브리아기	고생대						중생대			신생대		
	캄브리아기	오르도비스기	실루리아기	데본기	석탄기	페름기	트라이아스기	쥐라기	백악기	고제3기	신제3기	제4기

진화가 더뎌서 살아남은 주머니쥐

얘들아! 다들 꽉 잡고 있지?
얼른 집으로 돌아가자!

뭐야, 난 지금 바쁘다고. 살아남기 위한 비결을 내가 어떻게 알아! 난 말이지, 아이들이 고생하지 않게 날마다 기를 쓰며 살고 있어.

살아남으려면 과일, 벌레, 개구리, 차에 치인 시체, 뭐든 먹어야지! 가리지 말고.

아무리 그래도 새끼를 너무 많이 태운 거 아냐?

살 곳도 가리지 않아! 나는 원래 남아메리카에서 살았지만 지금은 캐나다에서도 살고 있어.

땅 위도 돌아다니고 나무에도 오르지. 물도 무섭지 않아! **이만큼 바쁘게 움직이지 않으면 금세 죽고 만다고!**

요즘 젊은 애들은 도대체 왜 그런다니? 기후가 변했다느니, 먹이가 입에 맞지 않는다느니 불평만 늘어놓고. 그러니까 쥐한테 밀려서 멸종당하지! **진화다 뭐다 말로만 떠들지 말고 나처럼 뭐든지 하란 말이야!**

이래서 살았어

하나에만 특화되지 않았기 때문에 어떤 환경에서든 잘 버티는 거야.

크기	몸길이 13~55cm
서식지	북아메리카, 남아메리카
먹이	동물의 시체와 과일 등
분류	포유류

주머니쥐 무리는 유대류 중에서도 어느 특정한 환경에 맞게 진화하지 않은 원시적인 동물이다. 하지만 딱히 유리한 환경이 없는 대신 어떠한 환경에서도 그럭저럭 잘 살아갈 수 있다. 남아메리카의 유대류 대부분은 북아메리카에서 넘어온 새로운 포유류(태반류)에게 멸종당했지만, 북아메리카로 진출해 살아남은 유일한 유대류인 버지니아주머니쥐는 미국의 주택가에서 쓰레기를 뒤지는 모습도 종종 눈에 띈다.

선캄브리아기	고생대						중생대			신생대		
	캄브리아기	오르도비스기	실루리아기	데본기	석탄기	페름기	트라이아스기	쥐라기	백악기	고제3기	신제3기	제4기

구니마스

억세게 운 좋은 물고기

정신을 차리고 보니 다른 곳에 와 있어서 살아남은

후 훗, 믿기지 않는다는 표정이로군.

뭐, 너희가 놀랄 만도 하지. 일본의 다자와 호수에서 살던 우리는 **70년 전에 분명 멸종했으니까.** 그래, 너희 사람들이 수력 발전을 위해 호수로 강물을 끌어온 탓에 말이야! 덕분에 수질이 변해서 내 친구들은 고통스러워하며 죽어 갔어.

…… 하지만 약 10년 전, 어떤 실험이 비밀리에 진행되고 있었지. **'구니마스의 알은 다른 호수에서도 자랄 수 있을까?'라는 실험이었어.**

실험은 실패로 끝났다고 생각됐지. …… 하지만! 우리는 **다른 호수로 옮겨진 알을 통해 자손을 늘리며 아무도 모르게 살아남아 있었어.** 어떠냐! 죽었다 살아난 물고기를 본 기분이.

크크크큭……, 이제 너희는 손 쓸 도리가 없을걸. **왜냐하면 지금 우리는 '멸종 위기 동물'이거든!**

자, 온 힘을 다해 나를 지켜 보시지!

이래서 살았어

멸종시킬 때는 언제고
이제 와서
보호하다니
사람은 참
제멋대로라니까.

크기	전체 길이 35cm
서식지	북일본의 사이코 호수
먹이	플랑크톤과 물고기
분류	경골어류

구니마스는 일본 아키타현의 다자와 호수에만 서식하던 고유종이었지만, 수력 발전소가 지어지면서 호수의 수질이 변해 1948년에 멸종하고 말았다. 그런데 어떠한 이유에서였는지는 확실하지 않으나 1930년대에 수정란을 다른 지역으로 옮긴 덕분에 구니마스가 야마나시현의 사이코 호수에서 살아남았다는 사실이 밝혀졌다. 발견자는 일본의 어류학자인 물고기 군*으로, 구니마스의 그림을 그리기 위해 가까운 친척인 홍연어를 여러 마리 구했는데, 그 안에 구니마스가 섞여 있었다고 한다.

(*물고기 군 : 일본의 어류학자이자 방송인)

선캄브리아기	고생대						중생대			신생대		
	캄브리아기	오르도비스기	실루리아기	데본기	석탄기	페름기	트라이아스기	쥐라기	백악기	고제3기	신제3기	제4기

고치에 숨어서 살아남은 폐어

자, 오늘은 '고치 만드는 방법'에 대해 알아보겠습니다. 시간이 별로 없으니 바로 시작할까요.

먼저 ① '땅속으로 들어간다'. 이때는 말이죠, 건기가 되면 물이 바짝 말라 버리니 그 전에 땅속으로 들어가는 게 중요합니다. **타이밍을 놓치면 죽게 되니 조심하세요.**

다음은 ② '땅속에서 몸을 동그랗게 만다'. 이때 **머리를 위쪽으로 향하는 게 예쁜 고치를 만들기 위한 포인트.**

고치를 만드는 방법

그런 다음에는 ③ '몸의 점액으로 흙을 굳힌다'. **끈적끈적한 액을 내보내서 몸 주변의 흙을 굳히는 거예요.** 아시겠죠?

자, 이렇게 고치가 완성되거든 몸이 마르는 걸 막을 수 있으니 이제 우기가 찾아올 때까지 자면서 기다리면 끝!

마지막으로, **가끔 농사짓는 사람들이 땅을 파헤치기도 하니까 조심하세요.**

그럼, 행운을 빌어요!

이래서 살았어

머드팩으로 피부를 촉촉하게 유지하길 잘 했어요.

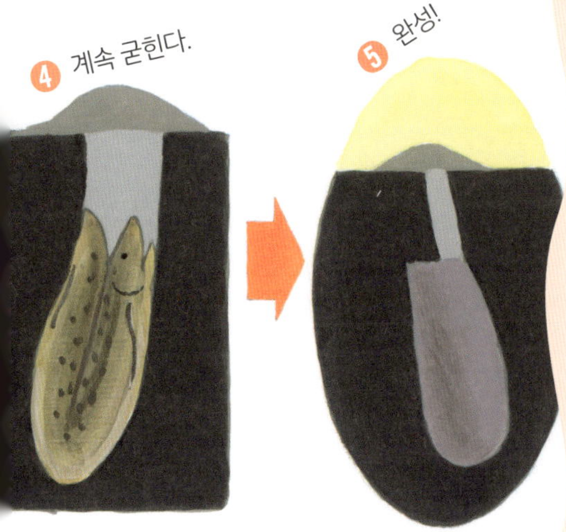

크기	전체 길이 60~200cm
서식지	아프리카, 남아메리카, 호주
먹이	작은 물고기, 새우, 조개 등
분류	경골어류

폐어는 이름에서 알 수 있듯이 폐를 지닌 물고기로, 양서류를 낳은 '육기어류'의 생존자다. 대부분의 육기어류는 멸종하고 말았지만 폐어는 폐로 호흡하는 능력을 살려 평범한 물고기가 살 수 없는, 건기가 되면 물이 줄어드는 강에서 살아남았다. 특히 아프리카폐어는 땅속에 고치를 만들어 피부가 마르는 것까지 막을 수 있게끔 진화했다.

*모든 폐어류의 서식 연대

선캄브리아기	고생대						중생대			신생대		
	캄브리아기	오르도비스기	실루리아기	데본기	석탄기	페름기	트라이아스기	쥐라기	백악기	고제3기	신제3기	제4기

나가는 말

이 책에서 소개한 여러 동물의 멸종 이유를 보고 여러분은 어떤 생각이 들었나요?

어쩌면 수많은 동물이 멸종한 계기가 바로 사람이었다는 사실에 놀란 어린이도 있을지 모릅니다. 하지만 이것은 사람이 기록을 남겼기 때문에 밝혀진 사실이랍니다. 대부분의 동물이 멸종한 이유는 사실 제대로 밝혀지지 않았습니다.

다만 화석을 조사해 보면 '이 시대에는 이런 동물이 살았다'거나 '이 시기에는 환경의 변화가 발생한 듯하다'라는 사실을 알 수 있습니다.

연구자들은 이러한 힌트를 퍼즐처럼 맞춰서 동물이 멸종한 이유를 상상해 냈을 뿐입니다.

이 책에서 소개한 동물들의 멸종 이유도 모두 확실한 것은 아닙니다.

특히 오래전에 멸종한 동물일수록 단서가 적기 때문에 연구자들 사이에서도 의견이 엇갈릴 때가 많습니다.

그렇다면 밝혀지지 않은 고생물들의 멸종 이유에 대해 여러분이 새로운 가설을 생각해 볼 수도 있습니다.

부디, 이 책을 읽고 지금까지와는 다른 시점으로 이 세계와 동물들을 바라봐 주었으면 합니다.

글 마루야마 다카시

추천하는 말

자연사 박물관에 가 보았나요? 멋진 동물들이 많습니다. 삼엽충, 암모나이트처럼 작은 동물부터 매머드와 공룡처럼 어마어마하게 커다란 동물까지 아주 다양합니다. 우리는 매머드와 공룡 앞에서 기념사진을 찍습니다. 그런데요, 이게 사실은 약간 엽기적인 행동입니다. 왜냐고요? 이 동물들의 특징이 뭘까 생각해 보세요. 그렇습니다. 멸종한 동물입니다. 우리는 멸종한 동물 앞에서 즐거운 표정을 짓고 있는 셈이죠. 물론 자연사 박물관에는 멸종하지 않는 동물들도 있습니다. 하지만 언젠가는 멸종하고 말 동물들이죠.

멸종은 동물만의 일이 아니에요. 식물도 멸종하고 미생물도 멸종하죠. 우리 인류의 조상들도 차근차근 멸종하고 말았습니다. 이제 누구 차례일까요? 우리와 함께 살고 있는 생명들입니다. 이미 인류가 등장한 다음에 수많은 생명이 멸종했습니다. 지금 살아 있는 생명이라고 해서 예외는 아니죠. 물론 우리 사람도 예외는 아닙니다. 언젠가는 멸종하고 말 겁니다.

지금까지 수많은 생명이 멸종했습니다. 그런데 우리가 멸종하는 게 무슨 큰일일까요? 물론입니다. 엄청나게 큰일입니다. 우리잖아요. 강 건너 불구경하듯 쳐다만 보고 있을 일이 아닙니다. 우리 사람은 수많은 생명 가운데 단순한 하나가 아닙니다. 우리 자신입니다. 너무 인간 중심으로 생각하는 것 아니냐고요? 무슨 말이에요. 인간이 인간 중심으로 생각하지 그러면 지렁이나 풍뎅이 중심으로 생각하는 게 말이 되나요!

우리는 어떻게 하든 더 살아남아야 합니다. 그러기 위해서 우리는 '멸종'을 배워야 합니다. 다른 생명이 어쩌다가 멸종했는지 알아야 합니다. 그래야 우리가 멸종하는 일을 피하고 미룰 수 있을 테니까요. 그게 바로 우리가 역사를 배우고 자연사 박물관을 찾아가는 이유죠. 이 책 『이유가 있어서 멸종했습니다』는 또 하나의 자연사 박물관입니다. 저는 책에서 많은 것을 배웠습니다. 우리가 멸종하지 않는 확실한 방법은 다른 생명들과 어울려서 잘 지내는 것입니다. 우리가 자연을 보살펴야 하는 이유는 그 무엇보다 우리가 살아남기 위해서입니다.

한국어판 감수 이정모 (서울시립과학관장)

찾 아 보 기 이 책에 등장한 동물들

가

곰큰박쥐 … 144
구니마스 … 166
기간토피테쿠스 … 26

나

네안데르탈인 … 94
뇌조 … 152
니포니테스 … 64

다

도도 … 24
돼지발반디쿠트 … 44
둔클레오스테우스 … 102
디메트로돈 … 84
디아트리마 … 50
디킨소니아 … 42

라

로드하우대벌레 … 160

마

마멘키사우루스 … 86
마스토돈사우루스 … 112
마치카네악어 … 130
메가네우라 … 76
메가테리움 … 52
메갈로돈 … 96

바

바다전갈 … 126

사

삼엽충 … 140
숀부르크사슴 … 82
스밀로돈 … 92
스테고사우루스 … 146
스텔러바다소 … 22
스티븐스섬굴뚝새 … 36
스피노사우루스 … 32
시바테리움 … 110
실러캔스 … 162

아

아노말로카리스 … 98
아르겐타비스 … 104
아르시노이테리움 … 142
아르카이옵테릭스 … 90

멸종의 역사

3분이면 뚝딱 알 수 있는
생물의 번영과
멸종의 역사

위즈덤하우스

생물의 역사는 번성과 멸종의 역사다

지구가 탄생한 이후로 지금에 이르기까지
수많은 생물의 번성과 멸종이 반복되면서
'시대'가 만들어져 왔습니다.

여기에서는 과거의 생물들이 살아온 시대와
그들이 '멸종'한 이유를
지구의 역사와 함께 보여 줍니다.

이 책에 등장한 동물이 어느 시대에 살았는지도
대략적으로 알 수 있습니다.
본문과 비교해 보면서 차분히 읽어 보세요.

지구 생명의 순환

1

생물이 진화하여 개체 수가 늘어나고 번성한다.

2

운석이 떨어지거나 화산이 폭발하여 대부분의 생물이 멸종한다.

3

가까스로 살아남은 생물의 자손이 또다시 진화하여 개체 수가 늘어나고 번성한다.

선캄브리아 시대 46억~5억 4100만 년 전

약 46억 년 전, 지구가 탄생했습니다.
그리고 약 40억 년 전, 바닷속에서 우연히
하나의 생명이 태어났습니다.
생명은 이때부터 오랜 시간을 거쳐 진화를 이루고,
약 6억 년 전인 에디아카라기에 비로소
커다란 생물이 등장하게 됩니다. 이 시대는 평화로웠습니다.
육식 동물이 없었기 때문이죠. 애당초 눈이 보이는
동물조차 없었기 때문에 서로의 모습도 알지 못했습니다.

평화로운 시대

디킨소니아
카르니오디스쿠스
에르니에타
킴베렐라

디킨소니아
(42쪽)

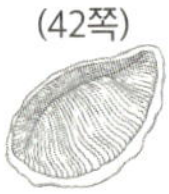

하지만 눈을 지닌 동물이 등장하면서 수많은 생물이 멸종했습니다.

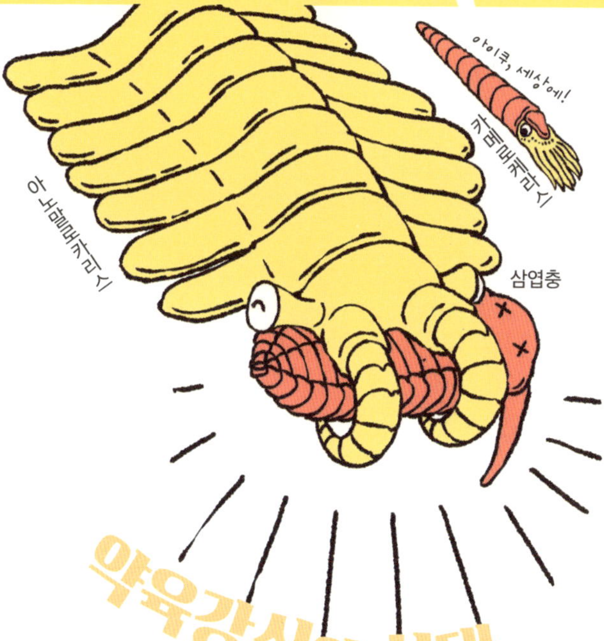

약육강식의 시대

고생대 전기 약 5억 4100만~4억 1900만 년 전

동물이 가장 먼저 손에 넣은 '세 가지 무기'가 있습니다.
바로 '지느러미', '입', '눈'입니다.
고생대인 캄브리아기에 접어들자 '동물을 잡아먹는 동물'이 등장하게 됩니다.
헤엄치기 위한 지느러미, 먹기 위한 입, 먹잇감을 발견하기 위한 눈을 얻게 된 사냥꾼은 그것들을 지니지 못한 힘없는 동물을 닥치는 대로 사냥했습니다.
그러자 잡아먹히지 않기 위해 단단한 '껍데기'로 몸을 지키는 동물이나 그 껍데기를 깨부수는 '이빨'을 지닌 동물이 나타나며 약육강식의 시대가 시작되었습니다.

새로운 생물이 연이어 진화했으며, 동시에 많은 오래된 생물이 멸종했습니다.

카메로케라스 (62쪽) 오파비니아 (68쪽) 아노말로카리스 (98쪽) 바다전갈 (126쪽) 코노돈트 동물 (132쪽) 삼엽충 (140쪽) 앵무조개류 (158쪽)

고생대 후기 약 4억 1900만~2억 5200만 년 전

상륙의 시대
디메트로돈
강이나 바다에서는
어류가 진화!
게무엔디나
둔클레오스테우스

아트로플레우라
(34쪽)

헬리코프리온
(58쪽)

메가네우라
(76쪽)

디메트로돈
(84쪽)

둔클레오스테우스
(102쪽)

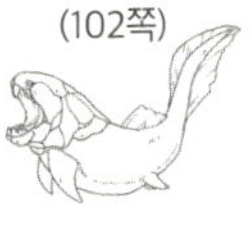

지구가 생겨난 이후로
생명의 중심은 줄곧 '바다'였습니다.
그러다 데본기로 접어들자,
동물들은 본격적으로
'상륙'하기 시작합니다.
이 시대에는 어류에서
진화하여 다리를 갖춘
양서류가 나타나, 척추동물
(등뼈를 지닌 동물)로서는
가장 먼저 육지로 올라오는 데
성공했습니다.

그리고 석탄기에는 날개를 지닌 곤충이
등장했습니다.
이어서 페름기가 되자, 양서류에서
파충류가 진화하여 동물의 종류는
점점 늘어났습니다.

하지만 지구 중심부에서 거대한 마그마 덩어리가 솟구치는 슈퍼 플룸으로
95%의 생물 종이 멸종했습니다.

익티오스테가
(114쪽)

실러캔스류
(162쪽)

페어류
(168쪽)

중생대 전기 약 2억 5200만 년~2억 100만 년 전

고생대의 막바지에 대부분의 생물이 멸종하고 말았지만,
간신히 살아남은 생존자가 있었습니다.

그들의 눈앞에는 생물을 찾아보기 힘든
텅 빈 대지가 펼쳐져 있었습니다.
이는 진화하기에 안성맞춤인 환경이었습니다.
특히 파충류는 눈부신 진화에 성공하여
악어, 거북이 등의 조상이나 원시적인 공룡이 나타났고,
익룡은 하늘로, 어룡과 수장룡은 바다로 진출했습니다.

오징어를 꼭 닮은
벨렘나이트

어룡
(28쪽)

마스토돈사우루스
(112쪽)

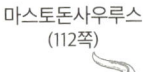

투아타라류
(156쪽)

파충류의 시대

삼나무처럼 생긴 침엽수
투아타라류
아델로 바실레우스
사람의 조상인 최초의 포유류가 등장한 때도 이 무렵!
어룡

80%에 가까운 생물 종이 멸종했습니다.
하지만 지구 곳곳에서 화산이 대폭발하면서 기온이 급격히 상승했습니다.

펑!

중생대 후기 약 2억 100만~6600만 년 전

파충류의 시대

대멸종으로 큰 타격을 입었지만
파충류의 진화는
멈추지 않았습니다.
멸종을 피한 공룡이 크게
번성한 것입니다!

스피노사우루스 (32쪽)

니포니테스 (64쪽)

마멘키사우루스 (86쪽)

아르카이옵테릭스 (90쪽)

쥐라기는 고온다습한 기후였으며 산소 농도도 높았기 때문에 동물은 체력을 많이 소비하지 않고도 살아갈 수 있었습니다. 그 덕분에 동물들은 몸집이 커지게 됩니다.

그리고 백악기로 접어들자 지금과 같이 꽃을 피우는 식물이 늘어나기 시작했고, 꽃가루나 꿀을 먹는 곤충이 크게 번성했습니다.

티라노사우루스 (118쪽)

스테고사우루스 (146쪽)

주머니쥐류 (164쪽)

하지만 지구에 거대한 운석이 떨어졌습니다.
그 충격에 하늘로 피어오른 엄청난 먼지가 햇빛을 가로막았습니다.
지구는 단숨에 추워졌고 공룡을 비롯해 70%의 생물 종이 멸종했습니다.

신생대 고제3기 약 6600만~2300만 년 전

포유류의 시대

육지의 제왕이었던
공룡이 멸종하자,
그전까지 숨죽인 채 살아왔던
포유류가 단숨에
여러 종류로
늘어나기 시작합니다.

디아트리마
(50쪽)

티타노보아
(80쪽)

파라케라테리움
(100쪽)

파키케투스
(106쪽)

같은 시기에 조류도 번성하며
지구는 새로운 시대로 접어들게 됩니다.
지구는 지금보다 기온과 습도가 높았기 때문에
동물들은 깊은 숲속에서 살았습니다.

자이언트펭귄
(108쪽)

앤드류사쿠스
(128쪽)

아르시노이테리움
(142쪽)

그래서 숲이 줄어들자 보금자리를 잃은 여러 동물이 멸종했습니다.
하지만 기후가 변하면서 지구는 춥고 건조해집니다.

신생대 신제3기 약 2300만~260만 년 전

지구가 건조해져서 숲의 나무가 말라 죽은 이후로는 초원이 넓어졌습니다. 이때 좁아진 숲에서 초원으로 쫓겨난 원숭이 무리가 있었습니다.
그들은 육식 동물에게 잡아먹히지 않기 위해 몸집이 커 보이도록 두 발로 일어나거나 앞발로 먹이를 부둥켜안은 채 이동했습니다.
얼마 지나지 않아 뒷다리로만 걷는 '직립 보행'을 할 수 있게 되었습니다.

스텔러바다소 (22쪽)

기간토피테쿠스 (26쪽)

플라티벨로돈 (56쪽)

큰뿔사슴 (72쪽)

틸라코스밀루스 (78쪽)

메갈로돈 (96쪽)

아르겐타비스 (104쪽)

시바테리움 (110쪽)

도도 (24쪽)

오가사와라 마시코 (30쪽)

스티븐스섬 굴뚝새 (36쪽)

여행비둘기 (60쪽)

파란영양 (66쪽)

타팬 (70쪽)

마치카네악어 (130쪽)

털매머드 (134쪽)

쿠바홍금강앵무 (136쪽)

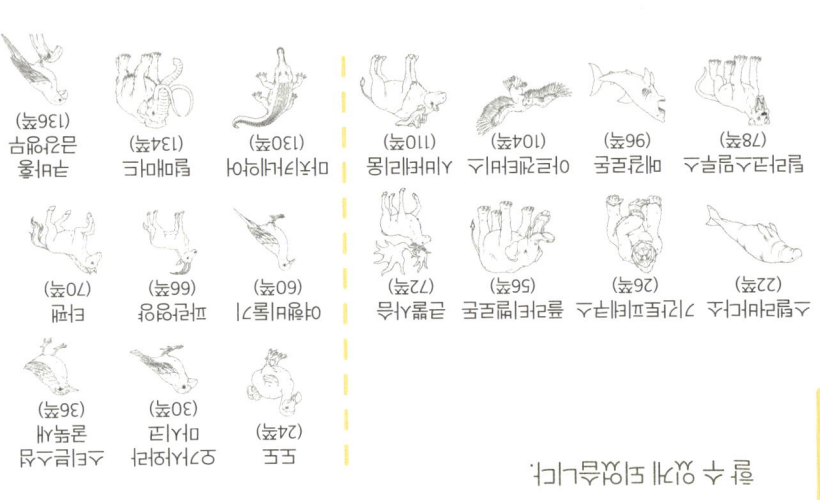

숨을 장소가 적어
위험한 초원에서
육식 동물과
마주칠지 몰라
겁을 먹었음.
오스트랄로피테쿠스

그리고 무거운 머리를
지탱할 수 있게 되면서
뇌가 커졌고,
지금의 인류로 진화해
나갔습니다.

발전의 시대

위부화개구리 (38쪽)
자이언트모아 (40쪽)
돼지발반디쿠트 (44쪽)
일본늑대 (46쪽)
주머니늑대 (48쪽)
메가테리움 (52쪽)
활부리하와이 꿀먹이새 (74쪽)
숀부르크사슴 (82쪽)
스밀로돈 (92쪽)
네안데르탈인 (94쪽)
큰바다쇠오리 (120쪽)
양쯔강 돌고래 (122쪽)
폴리네시아 달팽이 (124쪽)
웃는올빼미 (138쪽)
곰큰박쥐 (144쪽)
오리너구리 (150쪽)
뇌조 (152쪽)
피그미하마 (154쪽)
로드하우 대벌레 (160쪽)
구니마스 (166쪽)

그 미래를 바꿀 사람은 어쩌면 여러분일지도 모릅니다.
앞으로의 지구는 어떻게 변하고, 또 누가 멸종할까요?
이후의 시대는 우리들이 살고 있는 현대(제4기)로 이어집니다.

점선을 따라 잘라 주세요.

점선을 따라 잘라 주세요.

\잘라 내서 읽을 수 있어요!/

별책 「멸종의 역사」 사용 방법

「멸종의 역사」를 읽어 보면…

멸종한 생물들이 어떤 시대를 살아왔는지
대략적으로 알 수 있습니다.

더불어 지구에 생물이 등장한 뒤부터
지금까지 무슨 일이 일어났는지도
대략적으로 알 수 있습니다.

사각사각 종이를 잘라 보세요!

점선을 따라 자르기

- 편한 방향으로 잘라 보세요.
- 손을 베이지 않도록 조심!
- 꼭 잘라 내지 않아도 읽을 수 있어요.

읽기

- 본문과 함께 읽어 보면 더 재미있어요.
- 하지만 「멸종의 역사」만 따로 읽어도 재미있어요.
- 자유롭게 읽을 수 있다는 점이 장점이죠.

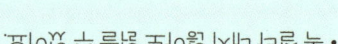

아트로플레우라 … 34
앤드류사쿠스 … 128
앵무조개 … 158
양쯔강돌고래 … 122
어룡 … 28
여행비둘기 … 60
오가사와라마시코 … 30
오리너구리 … 150
오파비니아 … 68
웃는올빼미 … 138
위부화개구리 … 38
익티오스테가 … 114
일본늑대 … 46

자

자이언트모아 … 40
자이언트펭귄 … 108
주머니늑대 … 48
주머니쥐 … 164

카

카메로케라스 … 62
코노돈트 동물 … 132
쿠바홍금강앵무 … 136
큰바다쇠오리 … 120
큰뿔사슴 … 72

타

타팬 … 70
털매머드 … 134
투아타라 … 156
티라노사우루스 … 118
티타노보아 … 80
틸라코스밀루스 … 78

파

파라케라테리움 … 100
파란영양 … 66
파키케투스 … 106
폐어 … 168
폴리네시아달팽이 … 124
플라티벨로돈 … 56
피그미하마 … 154

하

헬리코프리온 … 58
활부리하와이꿀먹이새 … 74

[감수] 이마이즈미 다다아키

도쿄수산대학(현 도쿄해양대학) 졸업, 일본 국립과학박물관에서 포유류분류학과 생태학을 연구했다.
문부과학성의 국제생물학 사업계획(IBP) 조사와 환경성의 이리오모테살쾡이 생태 조사 등에 참가했다.
우에노 동물원에서 동물 해설가로 근무했으며 도쿄 동물원협회 평의원을 역임했다. 주된 저서로는『야생 고양이 백과』,『동물행동학 입문』,
『고양이는 신기해』등이 있으며『오늘도 무사히 생존 도감』,『제1회 안타까운 동물 자랑 대회』등의 감수를 맡았다.
홀로 조용히 살아가며 엄하게 새끼를 키우는 치타나 표범 등의 고양잇과 동물을 좋아한다.

[글] 마루야마 다카시

동물에 관한 책과 도감을 주로 제작하고 있다. 네이처프로 편집실 근무를 거친 뒤 네게브 사막에서 실시한 바위너구리 조사에 몸담았다.
『불쌍한 동물사전』의 편집과『날 때부터 불쌍한 동물사전』의 감수를 맡았다.
좋아하는 동물은 땅돼지. 유일한 관치목 동물이라는 고고한 모습과 흰개미를 먹는데도 특이하게 계속해서 어금니가 자란다는 점 등에 반했다고 한다.

[그림] 사토 마사노리(1~2장, 5장)

무사시노미술대학 졸업, 기업이나 유원지의 캐릭터 제작에 종사했다. 저서로는『지하철 라이온 선』이 있다.
동물에 대해 조사하거나 관찰하기를 무척 좋아한다. 멍하니 동물을 바라보는 것도 무척 좋아한다.

[그림] 우에타케 요코(3~4장)

타마미술대학 졸업, 인쇄 회사에서 디자이너로 근무하다 2013년부터 삽화가로 일하기 시작했다.
동물원에서 가만히 관찰해 보면 마치 안에 사람이 들어 있는 것처럼 움직이는 곰을 좋아한다.

[그림] 가이도 겐타(4~13쪽, 쉬어 가기 ①~④, 별책「멸종의 역사」)

나고야조형대학 졸업, 광고, 잡지, 서적 등을 중심으로 삽화를 그리고 있다. 어디에서나 느긋하게 지내는 고양이(잡종)를 좋아한다.

[그림] 나스미소이타메(도감 선화)

2004년부터 삽화가로 활동을 시작했다. 서적이나 광고, 인터넷 등에서 삽화와 캐릭터 디자인을 담당했다.
생김새도 멋지고 무늬도 멋진 치타를 좋아한다.

[한국어판 감수] 이정모

서대문자연사박물관장, 서울시립과학관장, 국립과천과학관장으로 일했다.『공생 멸종 진화』,『저도 과학은 어렵습니다만』등 다수의 책을 쓰고 번역했다.

[옮김] 곽범신

세종대학교 일어일문학과를 졸업한 뒤 전문번역가로 활동하고 있고, 번역가 모임인 '바른번역'의 회원이다.
옮긴 책으로『지구인들을 위한 진리 탐구』가 있다.

이유가 있어서 멸종했습니다

초판 1쇄 발행 2019년 4월 15일 | 초판 18쇄 발행 2025년 10월 30일

감수 이마이즈미 다다아키 | 글 마루야마 다카시 | 그림 사토 마사노리, 우에타케 요코 | 한국어판 감수 이정모 | 옮긴이 곽범신
펴낸이 최순영 | 교양 학습 팀장 김솔미 | 키즈 디자인 팀장 이수현 | 디자인 이나혜

펴낸곳 (주)위즈덤하우스 | 출판등록 2000년 5월 23일 제13-1071호
주소 서울특별시 마포구 양화로 19 합정오피스빌딩 17층
전화 02) 2179-5600
홈페이지 www.wisdomhouse.co.kr | 전자우편 kids@wisdomhouse.co.kr

ISBN 979-11-89938-76-5 73490

Wake Atte Zetsumetsu Shimashita
Sekaii ichi Omoshiroi Zetsumetsu Shita Ikimono Zukan
by Tadaaki Imaizumi and Takashi Maruyama
Copyright © 2018 Tadaaki Imaizumi, Takashi Maruyama
Korean translation copyright © 2019 by Wisdomhouse Inc.
All rights reserved.
Original Japanese language edition published by Diamond, Inc.
Korean translation rights arranged with Diamond, Inc.
through BC Agency

이 책의 한국어판 저작권은 BC에이전시를 통해 저작권자와 독점계약을 맺은 ㈜위즈덤하우스에게 있습니다.
저작권법에 의해 한국 내에서 보호를 받는 저작물이므로 무단전재와 복제를 금합니다.

*인쇄·제작 및 유통상의 파본 도서는 구입하신 서점에서 바꿔드립니다. *책값은 뒤표지에 있습니다. *이 책의 사용 연령은 8~13세입니다.